절대 지켜, 1.5도!

일러두기
- 이 책은 국립국어원의 외래어표기법을 따랐으나, '쿠로시오 난류'와 같이 관용적으로 인정되는 명칭 등은 교과서 등의 표기법에 맞췄습니다.
- 책에 나오는 단어 설명 역시 국립국어원《표준국어대사전》을 따르며 일부는 저자가 서술했음을 밝힙니다.

전국의 초중고 선생님과 교수님들이 이 책을 추천합니다!

지구온난화 시대가 끝나고 지구열대화의 시대가 시작됐다고 합니다. 사람이 독감이나 몸살에 걸려 아플 때의 체온은 정상체온과 1.5도밖에 차이가 나지 않지만, 이 작은 차이로 우리는 큰 고통을 겪게 됩니다. 지구도 마찬가지입니다. 1.5도를 절대로 지켜야 한다는 기후 아저씨의 외침을 우리가 꼭 실현해야 하는 이유입니다.

― **김미경** 군포중학교 교장

최근 몇 년 사이 더욱 극심해진 지구온난화와 기후변화를 초등학생 자녀들과 몸소 겪고 있습니다. 이 책을 통해 우리 아이들에게 기후 위기의 심각성을 알리는 동시에 1.5도를 지키는 방안을 함께 고민해 보고 싶습니다. 우리 모두를 위해 기필코 지켜내야 할 온도 1.5도! 우리의 삶을 지키고 지구를 지키고 싶은 모든 분께 이 책을 추천합니다!

― **김현아** 호계중학교 교사

지루하게만 느껴졌던 과학 지식과 원리들이 '기후위기'라는 주제에 맞물려 매우 흥미롭고 입체적으로 다가옵니다. 또한 어설프게 알고 있던 기후위기에 대한 쉽고 흡입력 있는 설명은 우리의 지구를 하루빨리 지켜내고자 하는 사명감을 갖게 만듭니다. 전국의 초중등 수업 시간과 도서관에서 이 책을 만나는 친구들이 많아지길 간절히 소망합니다.

― **문민영** 안양신기초등학교 교사

기후위기는 어른 세대가 만들고 어린이 세대가 피해를 겪는 문제입니다. 안타깝지만 우리 어린이들이 환경 문제를 자각할 때에만 모두를 구할 수 있습니다. 그런 의미에서 이 책은 지구와 어린이의 미래를 위해 모두가 꼭 읽어야 할 양서라고 확신합니다. 당장 제 아이들부터 읽혀야겠습니다.

― **서봉균** 성균관대학교 사회복지학과 교수

기후위기의 시대에 1.5도는 절대 지켜야 할 최후의 방어선입니다. 기후 '파수꾼' 이재형 선생님의 이 책은 우리 어린이에게 더 망가지지 않은 지구를 물려주기 위해 부모님과 선생님들이 먼저 읽어야 할 지침서입니다. 미래의 주인공인 어린이들 앞에 부끄럽지 않으려는 부모님과 선생님께 바치는 선물과도 같은 책입니다.

— **양석진** 전 세종도담고등학교 교사

기후 아저씨는 기후 위기 극복을 위해 1.5도를 지켜야 하는 중요성을 쉽고 친근한 문체로 이야기하고 있습니다. 또한 흥미진진한 실천 방법까지 제시하고 있어 이 책을 접하는 분들이라면 자연스럽게 지구구조대가 될 것입니다. 우리가 살아갈 미래를 고민하는 학생, 학부모, 교사들께 필독서로 추천합니다.

— **이경미** 원당중학교 교사

이 책은 기후변화 문제에 대해 과학적 사실과 우리가 해야 할 일을 잘 버무린 요리와 같습니다. 다양한 그림과 친근한 설명을 통해 쉽게 읽히면서도 알찬 정보도 가득합니다. 어린이와 어른 모두에게 추천하는 좋은 책입니다.

— **이상준** 서울과학기술대학교 에너지정책학과 교수

1.5도는 인간과 생물이 지구에서 안전하게 살기 위한 마지막 보루입니다. 그러나 이미 문명의 편리함을 경험한 어른들은 행동으로 실천하기 쉽지 않습니다. 이 책을 통해 초등학생 때부터 기후위기의 심각성을 깨닫고 모두가 초록발자국을 밟아 나가길 간곡히 바랍니다.

— **이세중** 충청남도교육청안전수련원 장학관, 전 아산송남초등학교 교장

모든 생명체가 위험해지는 1.5도 상승까지, 기후시계는 이제 고작 5년 정도를 가리키고 있다고 합니다. 우리에게 시간이 별로 남지 않았습니다. 기후 아저씨가 알려주는 지구의 온도를 내리고, 환경을 살리기 위한 희망의 작전! 같이 읽어 보실래요?

— **이순금** 염작초등학교 교사

1.5도 지구구조대가 되는 방법이 책 속에 있어요. 쉬운 말로 차근차근 일러주는 기후 아저씨 이야기를 따라가다 보면, 기후변화에 대한 궁금증도 사라지고, 지구를 구조하는 방법도 궁리하게 됩니다. '지구에서 살아가는 모든 것은 서로 돕는다'는 기후 아저씨의 말처럼 나를 둘러싼 모든 것과 함께 살아가기 위해 지구 구조대가 되어 봅시다.

- 이은숙 홍성갈산초등학교 교사

우리 모두는 기후변화의 피해자이자 가해자입니다. 우리의 적극적인 행동과 올바른 선택은 미래의 주인공인 아이들에게 희망을 줍니다. 이 책에서 제시하는 실천 활동을 부모님과 아이가 함께하다 보면 어느새 아이들은 성장해 있을 것입니다. 그리고 아이들의 미래도 밝아질 것입니다. 아이들의 미래를 고민하는 모든 분께 이 책을 추천합니다.

- 조용성 고려대학교 식품자원경제학과 교수, 전 에너지경제연구원 원장

기후변화에 맞서기 위한 과학적 지식과 실천 방법을 아는 것은 이제까지와는 다른 문제해결 방법을 찾는 데 매우 중요합니다. 이재형 선생님은 환경경제를 전공한 아버지로서 기후위기 현장에서 직접 부딪힌 고민의 결과를 이 책에 담아냈습니다. 모든 초중교 학생과 학부모님께 이 책을 추천합니다.

- 최봉석 국민대학교 국제통상학과 교수

기후 아저씨의 친절한 설명을 따라 하다 보면 어느새 지구를 지키는 일에 동참하고 있는 자신을 발견할 수 있습니다. 0.5도의 작은 차이가 기후 재앙을 초래할 수 있는 것처럼 지금 시작하는 작은 노력으로 미래 세대의 안전과 행복을 만들 수 있습니다. 이 책이 어린이들에게 지구의 미래를 지키기 위한 첫걸음이 되길 바랍니다.

- 류동훈 논산부적초등학교 교장

머리말
우리 '1.5도' 지구구조대가 되어보자!

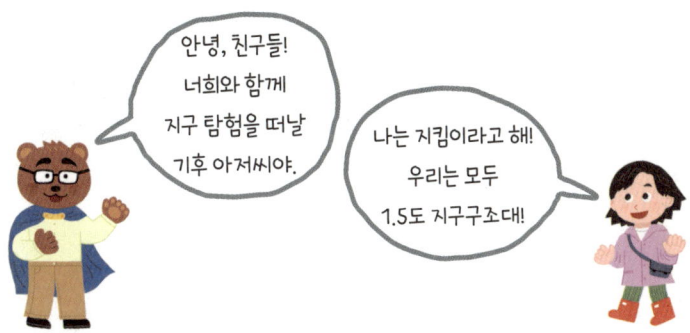

이 책은 우리가 지켜야만 하는 '미래'에 관한 이야기야.

지구에 살고 있는 우리 인간은 석탄과 석유 같은 에너지 자원을 무분별하게 쓴 결과로 지구온난화와 기후변화라는 위기에 빠지게 되었어. 나날이 높아지는 기온과 매년 심해지는 이상기후는 지구의 모든 생명체를 위험에 빠뜨리고 있어. 아시아와 유럽은 물론, 아메리카, 아프리카, 그리고 북극과 남극까지 기후변화를 피할 수 있는 곳이 없는 거야. 그런데도 지금처럼 에너지 자원을 흥청망청 쓴다면 지구는 더욱 더워지고, 이상기후의 피해는 커질 수밖에 없어. 그런 의미에서 이 책은 우리가 지켜야 할 '지구의 미래'에 관한 책이야.

우리나라 사람의 평균 수명은 84살이라고 해. 이 책을 읽는 친구들이 8~13살이라고 한다면, 친구들은 아직 70년 이상을 더 살아야 해. 우리가 지구에 태어나 살아온 날보다 앞으로 살아갈 날이 훨씬 많아. 그렇기에 우리는 지구의 평균기온이 더 이상 높아지지 않도록 목표를 세우고 반드시 그 목표를 이뤄야만 해. 우리가 우리 스스로를 지키는 거지. 그래서 이 책은 '우리 자신의 미래'에 관한 책이기도 해.

과학자들은 지구와 인간의 미래를 모두 지키려면, 인류가 석탄과 석유를 함부로 쓰기 전인 **산업혁명** 시기보다 평균기온 1.5도(℃) 이상이 올라서는 안 된다고 말하고 있어. 바로 '1.5도'가 지구와 우리를 위해 절대로 지켜야 하는 목표인 거야.

> **산업혁명** (産業革命)
> 영국에서 시작되었으며, 석탄을 사용하는 증기기관의 발명으로 제품의 생산 방식과 속도에 큰 변화가 발생한 사건을 말해.

안타깝게도 이미 지구의 평균기온은 산업혁명 시기보다 1.1도가 올랐다고 해. 이제 '1.5도 목표'까지는 0.4도밖에 남아 있지 않아. 더 이상 평균기온이 오르지 않게 해야만 하는 거야. 그렇기 때문에 앞으로 10년이 인류의 미래에 있어 가장 중요한 시기라고 해. 앞으로 10년 동안에 우리의 생활 방식을 바꾸지 않는다면 '1.5도 목표'를 이룰 수가 없을 거야. 지구를 지키는 일은 그만큼 긴박한 문제이지.

　이 책은 지구의 평균기온을 1.5도 이상 높이지 않는 방법을 설명하고 있어. 동시에 미래뿐만 아니라 과거와 현재에는 기후변화가 어떻게 인류에게 영향을 미쳤는지를 설명하고 있어. 또한, 우리가 직접 해볼 수 있는 실험과 실천 방법들도 안내해. 처음에는 낯설겠지만 한두 개씩 천천히 따라 하다 보면 나도 모르게 지구를 살리는 작지만 꼭 필요한 방법들을 실천하게 될 거야. 그리고 이 책에서 이야기하는 과거, 현재, 미래에 관한 이야기를 친구들과 부모님과 함께 나눠봤으면 좋겠어. 우리가 함께한다면 그리 외롭지도, 힘들지도 않을 거야.

목차

머리말. 우리 '1.5도' 지구구조대가 되어보자!   7

1장. 절대 지켜, 1.5도!
왜 2도는 안 되고 1.5도는 될까?   14
녹아내리는 빙하와 바뀌는 해안선   21
날씨와 기후는 어떻게 다른 거지?   29
온실기체가 너무 많아!   39

2장. 기후가 너무 빨리 변하고 있어!
도대체 지난 100년 동안 무슨 일이 있었던 거야!   52
화산은 지구의 기온을 낮추기도 해   64
사계절이 변하고 있어!   73
거칠어지는 장마와 태풍   82

3장. 기온이 올라가면 지구가 아파!
숲은 온실기체를 잡아먹어!   92
바닷속 친구들이 위험해!   101
따뜻한 바다와 차가운 바다   109
감자가 사라진다면?   119

자꾸만 북쪽으로 올라가는 과일들	129
이상기후를 피할 곳은 어디에도 없어	138
생존을 위해 떠나는 사람들	147
기후변화가 사람의 몸을 아프게 해	157

4장. 우리는 지구를 지킬 수 있어!

깨끗한 전기를 사용하자!	166
지속가능한 에너지를 사용하자!	176
음식물이 남기는 발자국 이야기	183
대중교통 타고! 온실기체 줄이고!	191
종이를 아껴 나무와 숲을 지키자!	199
플라스틱은 다시 사용하자!	207
옷을 조금만 덜 사고 오래 입어보자!	216

끝맺는 말. 모든 것은 서로 도우며 살아가!	224
부록. 초중등 교과 과정 연계표	228
참고문헌	230

왜 2도는 안 되고 1.5도는 될까?

두 갈래의 미래

여기 두 갈래 지구의 미래가 있어. 첫 번째 지구는 지금보다는 조금 덥겠지만 여전히 우리가 안전하게 살 수 있는 지구야. 두 번째 지구는 첫 번째 지구보다 더욱 더워지고, 그 때문에 인간과 지구의 생명체들이 살기 어려워진 지구야.

안타깝게도 미래의 우리는 지금보다 더 뜨거운 지구에서 살게 될 것이 확실해. 그 이유는 우리 인간이 그동안 편리함을 위해 사용한 석탄, 석유, 가스와 같은 **화석연료** 때문이야. 그런데 이거 하나만은 확실해. 두 번째 지구보다는 첫 번째 지구가 우리가 그나마 살 만한 곳일 거야.

> **화석연료** (化石燃料)
> 수백만 년 전 죽은 식물과 동물이 땅속에 파묻힌 뒤 오랜 시간 열과 압력을 받은 상태로 화석처럼 굳어져 만들어진 연료야.

첫 번째 지구에서 살아가기 위해 과학자들은 지구의 미래를 연구했지. 과학자들의 질문은 세 가지였어.

첫째, 과연 미래에는 얼마나 더워질까?

둘째, 인간과 지구의 생명체가 안전하게 살 수 있는 상황은 어떻게 만들까?

셋째, 지구를 지키기 위해 인간은 무엇을 해야 할까?

우선 첫 번째 질문에 대한 대답을 알려줄게. 과학자들은 미래를 예상할 때 과거와 많이 비교해. 이때 비교하는 과거의 기준은 인류가 화석연료를 본격적으로 사용하기 시작한 산업혁명(1850~1900년) 시기야. 산업혁명 이후 현재까지 지구의 평균 기온이 이미 1.1도 정도 올랐다고 이야기했지?

미래는 2100년을 기준으로 하는데, 인류가 지구를 지키기 위한 노력에 성공한다면 산업혁명 시기보다 1도가 오르는 데 그친다고 해. 지금보다 약간 낮아지는 거야. 만약 실패한다면 산업혁명 시기보다 5.7도까지 오른다고 해. 지금 우리가 어떤 노력을 하느냐에 따라 지구의 미래가 완전히 달라질 수 있다는 거야.

두 번째 질문에 대한 대답도 알려줄게. 2100년의 기온이 최대 5.7도까지 오를 수 있다고 했지? 그런데 이건 우리가 아무런 노력도 하지 않고, 지금보다 에너지를 흥청망청 쓰는 최악의 상황일 때의 모습이야. 그래서 과학자들은 인류의 노력 정도에 따라 우리의 미래가 달라질 것이라고 보고, 인간과 지구의 생명체들이 안전하게 살 수 있는 기온의 상승 폭을 2도, 더 나아가 1.5도까지만 상승하도록 만들어야 한다고 강조한 거야. 1.5도가 상승한 길이 그나마 나은 미래로 가는 방향이고, 기온이 2도까지 상승한다면 나쁜 미래로 가는 길이야.

마지막 질문의 정답, 그러니까 지구를 위해 할 수 있는 가장 좋은 일은 화석연료를 사용하지 않는 거야. 그런데 우리가 지금까지의 편리함을 한 번에 버리고 원시인처럼 살 수는 없어. 화석연료의 사용을 줄이기 위해 노력해야 하지. 동시에 지구를 지키면서도 인간의 삶을 지탱할 수 있는 기술을 개발해야 해.

0.5도 차이가 바꾸는 미래

1.5도와 2도는 수치로는 0.5도밖에 차이가 나지 않아서 "별거 아니네?"라고 여길 수 있어. 생각해 보면 우리나라는 사계절이어서 한겨울에는 **영하** 20도까지 내려가는 강추위

> **영상** (零上), **영하** (零下)
> 물이 어는 온도는 0도(어는점)야. 온도계에서 눈금이 0도 이상이면 영상, 눈금이 0도 이하이면 영하라고 해. 숫자 0을 한자로 零(영)이라고 써.

가 찾아오고, 한여름에는 **영상** 40도까지 올라가는 찌는 듯한 더위가 찾아와. 이렇게 계절에 따라 기온이 크게 변하는 우리나라에서는 0.5도가 정말로 작은 차이로 느껴질 거야.

하지만 과학자들은 이 0.5도 차이가 미래를 아예 다르게 바꿀 것이라고 해. 우선 지구의 평균기온이 1.5도 높아지면 여름철 폭염의 기온이 지금보다 3도 더 올라간다고 해. 안 그래도 더운 **폭염**이 더욱 뜨거워지는 거지.

> **폭염** (暴炎)
> 매우 심한 더위를 말해.

그렇다면 평균기온 2도가 올라간다면? 폭염이 발생하는 날의 기온은 4.5도가 더 올라간다고 해. 바다는 어떨까? 지구의 평균기온이 1.5도 상

> **해수면** (海水面)
> 바닷물(해수)의 표면을 말해.

승하면 **해수면** 높이가 26~77센티미터(cm) 정도 높아진다고 하

는데, 2도가 상승하면 이보다 10센티미터는 더 높아진다고 해. 해수면의 높이가 높아진 만큼 해안가에 있는 도시들은 홍수가 발생했을 때 더욱 위험해질 거야.

사람 이외의 생물들은 어떨까? 지구의 평균기온 1.5도가 상승하면 따뜻해진 바닷물 때문에 바닷속 산호초의 70~90퍼센트(%)가 위험에 처하는데, 2도가 상승하면 산호초의 99퍼센트가 위험에 처한다고 해. 또한 1.5도가 상승했을 때보다 2도 올랐을 때, 육지의 식물과 동물, 곤충이 2~3배 많이 멸종될 것이라고 해. 고작 0.5도가 바다와 육지 가리지 않고 지구의 미래를 다르게 만들 거야.

기후 시계(climate clock)라는 것이 있어. 전 지구의 평균기온이 1.5도 상승할 때까지 남은 시간을 알려주는 시계야. 이미 산업혁명 이후 전 지구의 평균기온이 1.1도 올랐기 때문에, 결국 기후 시계는 남은 0.4도가 오를 때까지 걸리는 시간을 의미해. 기후 시계는 이제 5년 정도를 가리키고 있어. '1.5도 목표'까지 5년밖에 남지 않은 거야. 우리에겐 주어진 시간이 많지 않아.

• 오늘 당장 실천해 보자! •
친구와 1.5도에 대해 이야기해 보기

　우리는 '1.5도'를 지키기 위한 미래로 나아가야 해. 당연히 혼자서는 해낼 수 없어. 지구에는 우리 가족, 이웃, 친구들 이외에도 많은 사람이 함께 살기 때문이야. 특히 우리는 어른들보다 지구에서 오랫동안 살아야 하기에 우리 스스로가 지구를 지켜야 해.
　그런데 구체적으로 어떤 목표를 가져야 하는지 모르는 사람도 많아. 그렇기에 우리가 절대로 지켜야 할 목표를 사람들에게 알려줘야 해.
　특히 왜 2도는 안 되고, 1.5도라는 목표를 지켜야만 하는지 주변 친구들에게 이야기해 보자. 반드시 1.5도를 지켜야 하거든! 그리고 그 목표를 지키기 위한 길을 같이 가자고 설득해 보자. 우리가 '지구구조대'가 되어 하나뿐인 지구를 지키기 위한 일에 앞장서 보자.

1.5도와 2도는 이렇게 달라요!

	1.5도	2도	1.5도와 비교했을 때 2도의 영향
 식물 종의 손실	8% 서식지의 ½을 잃는 식물	16% 서식지의 ½을 잃는 식물	2배 심각
곤충 종의 손실	6% 서식지의 ½을 잃는 곤충	18% 서식지의 ½을 잃는 곤충	3배 심각
산호초의 추가적인 감소	70%~90%	99%	최대 29% 심각
 극한기후	14% 5년에 한 번씩 극한 고온에 노출되는 인구	37% 5년에 한 번씩 극한 고온에 노출되는 인구	2.6배 심각
 여름에 얼음이 없는 북극	적어도 100년에 한 번 발생	적어도 10년에 한 번 발생	10배 심각

출처 : 기후위원회(Climate Council)

녹아내리는 빙하와 바뀌는 해안선

빙하가 너무 빨리 녹고 있어!

사람의 체온은 36.5~37.5도 정도야. 그런데 독감이나 몸살에 걸리면 체온이 39도까지 올라가지. 정상체온과 아플 때 체온의 차이는 1.5도밖에 나지 않지만, 이 작은 차이가 우리의 건강에 큰 영향을 끼쳐. 지구의 평균기온도 체온과 같아. 평균기온이 2도나 오르면 지구가 너무 힘들어져. 그 결과 중 하나가 해수면 상승이야.

평균기온이 올라 해수면이 상승하는 이유는 무엇일까? 바로 남극과 그린란드(Greenland)의 빙하, 육지의 높은 산에 있는 **만년설**이 녹고 있기 때문이야. 여름이면 이곳의 얼음이 녹기도 하고, 겨울이면 다시 눈이 내려 얼음이 돼. 문제는 눈이 쌓이는 속도보다 지구 온난화로 인해 얼음이 녹는 속도가 더 빠르다는 거야. 이 상황이 계속되면 어떻게 될까? 결국에는 바닷물이 증가해서 해수면이 상승하는 거야.

> **만년설** (萬年雪)
> 아주 추운 지방이나 높은 산에 언제나 녹지 않고 쌓여 있는 눈을 말해. 긴 시간(만년) 동안 녹지 않았다는 뜻이야.

과학자들이 2021년에 발표한 연구에 따르면 1901년 이후 지구의 평균 해수면 높이는 약 20센티미터 정도 높아졌다고 해. 특히 20세기(1901~2000년) 초반에는 해수면의 높이가 1년에 1.73밀리미터(mm) 정도씩 높아졌지만, 최근에는 해수면의 높이가 1년에 3.69밀리미터 정도씩 높아지고 있다고 해. 과거에 비해 2~3배나 빠르게 해수면이 상승하고 있는 거야.[1]

남극의 빙하는 지난 25년간 무려 3조 톤(t)이나 녹았고, 그 결과 남극의 빙하가 녹은 것만으로 전 세계의 해수면이 약 9.2밀리미터 상승했어.[2] 그리고 그린란드의 빙하는 2019년에만 5,000억 톤 넘게 녹았고, 그 결과 북극의 해수면이 2달 만에 2.2밀리미터 정도 상승했지.

9.2밀리미터와 2.2밀리미터라는 숫자를 보고 "너무 적은데?"라고 생각할 수 있지만, 바다 전체의 해수면 높이가 그만큼 높아진 것이니 어마어마하게 많은 양의 얼음이 녹아 바닷물이 된 거야. 바다는 지구 표면의 70퍼센트나 차지하거든.

킬리만자로산의 만년설이 감소한 모습

1993년 2월 17일

2000년 2월 21일

이미지 출처: 나사(NASA)

아프리카 탄자니아에는 만년설이 덮여 있는 킬리만자로산이 있어. 킬리만자로산의 만년설은 계속 감소하고 있는데, 2040년경이면 킬리만자로산의 만년설은 사라질 거라고 해.

우리나라도 피할 수 없어

우리가 어떠한 노력을 하느냐에 따라 달라지겠지만, 2100년 해수면의 높이는 가장 긍정적인 경우 최소 28센티미터까지만 상승하고, 가장 부정적인 경우 최대 102센티미터까지 상승할 수 있다고 해. 기온과 마찬가지로 해수면 상승 역시 인류가 아무런 노력도 하지 않았을 경우 102센티미터까지 오른다는 거야. 정말 상상하기도 싫어!

해수면이 상승하면 어떻게 될까? 바로 해안가 근처에 사는 사람들이 **침수** 피해를 볼 거야. 전 세계의 주요 도시들은 해안가에 집중되어 있어. 해안가는 강이 흘러 바다로 들어가는 길목이라 바닷물고기와 민물고기 모두가 풍부하고, 강 하구의 토양이 비옥해서 농사가 잘 돼. 강에 배를 띄워 물건을 쉽게 나를 수도 있고, 바다를 통해 새로운 세계로 나가기도 쉽지. 그러다 보니 사람들은 강과 바다가 만나는 곳에 살게 되었어.

만약 해수면이 상승하면 해안가 도시들이 바닷물에 잠길 수밖에 없어. 미국의 뉴욕과 마이애미, 호주의 시드니, 영국의 런

> **침수** (沈水)
> 홍수나 해수면 상승 때문에 땅이나 건물이 물에 잠기는 것을 말해.

던, 이탈리아의 베네치아, 중국의 상하이는 해수면이 102센티미터까지 상승하면 도시 전체가 바닷물에 잠기게 돼. 너무나도 상상하기 싫은 미래야.

이미 바다 한가운데 있는 섬나라들은 해수면 상승으로 인해 피해를 보고 있어. 대표적인 섬나라는 몰디브야. 몰디브는 인도의 남서쪽에 있는데, 1,200개 정도의 작은 섬으로 이루어진 섬나라야. 몰디브의 섬 중에서 가장 높은 곳의 **해발고도**는 2.4미터(m)이고, 평균 해발고도는 1미터 이하라고 해. 만약 2100년의 미래에 해수면의 높이가 최대 102센티미터까지 높아지면 몰디브의 많은 섬은 해수면 아래에 잠기게 돼.

> **해발고도** (海拔高度)
> 해수면의 높이를 0미터로 놓고 잰 어떤 지점의 높이를 말해.

우리나라는 괜찮을까? 우리나라도 해수면 상승 피해를 볼 거야. 우리나라가 화석연료의 사용을 줄이지 않고 현재처럼 온실기체를 무분별하게 배출한다면 최악의 경우 2100년쯤이면 해수면이 현재보다 최대 82센티미터 정도 높아진다고 해.[3] 전 세계의 최대 해수면 상승 높이인 102센티미터보다는 낮지만, 우리나라에서 특히 서해안은 동해안보다 해발고도가 낮은 지역이 많아 침수 피해를 보는 곳이 많아질 거야.

예를 들어 해수면이 80센티미터 정도 올라가면 우리나라에서 가장 큰 공항이 있는 인천 영종도는 중심부까지 바다 아래로 잠기게 돼. 그리고 경기도, 충청남도, 전라북도, 전라남도의 바닷가 도시들은 해수면 상승의 피해를 볼 수밖에 없어. 또한 해수면이 상승하면 서해안과 남해안에 있는 많은 갯벌이 잠길 수밖에 없을 거야. 해수면이 상승함에 따라 해안가 지역이 바닷물 속에 잠기게 되면, 결과적으로 우리나라의 해안선이 바뀌게 될 거야.

그런데 이러한 분석은 최악의 상황을 가정했을 때를 말하는 거야. 우리가 지켜야 할 1.5도 목표를 이루면 2100년에는 해수면의 높이가 53센티미터 상승하는 데 그친다고 해. 2도일 때 60센티미터 정도 상승하는 것과 비교하면, 우리 목표를 지킬수록 해수면 높이도 조금만 상승하는 거야. 우리가 화석연료를 쓰지 않고, 태양, 바람 등을 이용해서 온실기체를 배출하지 않는 에너지를 만들어 낸다면 미래를 바꿀 수 있어. 그러니 벌써부터 겁을 먹을 필요는 없어!

· 오늘 당장 실천해 보자! ·
실험으로 해수면 상승의 원리를 알아보기

남극은 남극대륙이라고 하고, 북극은 북극해라고 표현해. 그리고 남극대륙의 빙하는 해수면 상승에 영향을 주지만, 북극해의 빙하는 해수면 상승에 영향을 주지 않아. 남극은 땅 위에 빙하가 있기 때문이고, 북극은 바다 위에 얼음이 떠다니는 것과 같기 때문이야.

왜 그런지 실험으로 알아볼까?

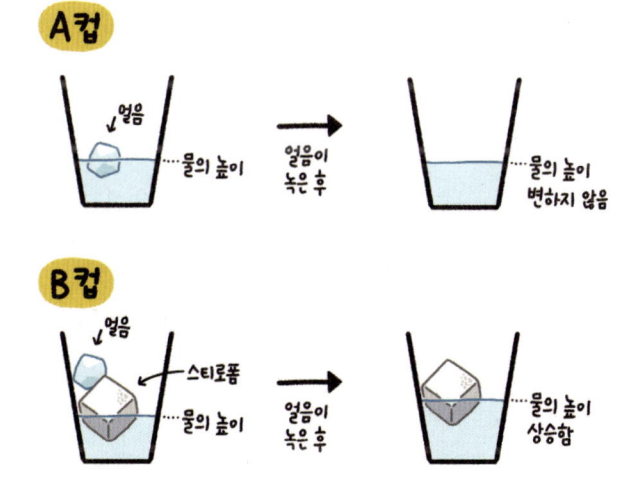

준비물: 투명한 컵 2개, 물과 얼음, 스티로폼 1개

실험 과정: ① A컵에 물과 얼음을 붓고 물의 높이를 표시한다.
② B컵에 물을 붓고 스티로폼 조각을 띄운다.
③ B컵의 스티로폼 조각 위에 얼음을 올린 뒤 물의 높이를 표시한다.
④ 얼음이 녹은 후 A컵과 B컵의 물의 높이가 변했는지 관찰한다.

　이 실험에서 얼음은 남극과 북극의 빙하를 의미하고, 스티로폼은 남극대륙의 땅을 의미해.

　시간이 지나 얼음이 다 녹으면 스티로폼이 들어간 B컵의 물의 높이만 높아지는 걸 확인할 수 있어. 물 위에 떠 있는 북극의 빙하는 빙하의 무게만큼 바닷물을 누르고 있어. 얼음이 다 녹더라도 원래 얼음이 있었던 자리를 빙하가 녹은 물이 차지하기 때문에 물의 높이가 변하지 않지. 그러나 남극대륙의 빙하가 녹으면 땅 위에 있는 빙하의 무게만큼 바다에 추가로 물을 붓는 모습과 같아. 결과적으로 북극의 빙하와 달리 남극의 빙하는 해수면 상승에 영향을 주는 거야.

날씨와 기후는 어떻게 다른 거지?

우리나라에는 사계절이 있어

요즘 느껴지는 날씨는 어때? 친구들이 이 책을 어떤 계절에 읽느냐에 따라 답이 달라지겠지? 봄에 읽는 친구들은 따뜻한 바람과 예쁜 꽃들을 떠올릴 것이고, 여름에 읽는 친구들은 뜨거운 태양과 찌는 듯한 더위, 가을에 읽는 친구들은 점차 변해가는 단풍잎을 생각할 거야. 겨울에 읽는 친구들은 밤새 내린 흰 눈을 떠올리겠지.

이렇게 우리나라에서는 계절마다 날씨의 풍경이 달라지지.

그리고 온도와 습도, 강수량도 달라져. 우리가 다양한 채소와 과일을 맛볼 수 있는 이유야. 계절마다 우리나라에 영향을 미치는 바람도 달라져. 봄과 여름에는 남쪽에서 따뜻한 바람이 불어오고, 가을과 겨울에는 북쪽에서 차가운 바람이 불어와.

부모님이 자주 보시는 뉴스에는 일기예보가 나와. 일기예보에서는 오늘 혹은 내일, 길게는 이번 주 주말까지 각 지역의 날씨를 알려주지. 이렇게 날씨는 특정 지역(우리나라, 우리 동네)에서 일정한 시간(오늘, 내일 등)에 나타나는 '**기상요소**'를 의미해. 그런데 날씨는 짧은 시간에 시시각각 바뀌기도 해. 일기예보에서 주말에 비가 온다고 해서 여행을 취소했는데, 비가 오지 않았던 날도 있을 거야. 그만큼 날씨는 짧은 시간에도 시시각각 바뀌어서 매번 맞추기 어렵기도 하지.

> **기상요소** (氣象要素)
> 기후를 구성하는 여러 요소로 기온, 강수량, 습도, 일조시간 등을 말해.

기후와 날씨는 차이가 있어

기후는 날씨와는 조금 달라. 기후는 날씨보다 조금 더 넓은 지역에서 오랫동안 규칙적으로 되풀이되는 평균적인 기상 상태를 의미해. 과학자들은 이 기간을 30년으로 잡아. 날씨보다는 상당히 긴 기간이지. 기후는 기온, 습도, 강수량 등을 30년 동안 **관측**한 것을 평균 낸 것이기에, 하루 이틀 기온이 이상하게 변하거나, 비가 많이 내려도 평균적인 기후에는 크게 영향을 주지 못해.

> **관측** (觀測)
> 우리의 눈이나 기계로 날씨의 상태나 변화를 관찰하고 측정하는 것을 말해.

그래서 사람들은 날씨를 '기분'에 비유하고, 기후를 '성격'이라고 이야기해. 전날 일찍 잠들어 잠을 푹 잤다면 다음 날 아침 기분이 좋겠지? 그런데 오늘까지 내야 하는 숙제를 안 한 것이 생각났다면 분명 기분이 나빠질 거야. 이렇게 날씨는 기분처럼 그때그때 달라지는 기상 조건을 이야기해.

반면에 기후는 사람의 성격과도 같아. 같은 반에 조용한 친구가 있는가 하면, 왁자지껄 시끄러운 친구가 있지? 그리고 하루 계획을 꼼꼼하게 세우는 친구가 있는가 하면, 일단 도전해 보고 그 뒤에 생각하는 친구들도 있어. 이렇게 성격은 사람에 따라 다르지만 기분과 달리 매일 바뀌지는 않아. 날씨가 기분이라면 기후는 성격이라고 말하는 이유야.

지역별로 기후가 달라

지구는 둥글어. 그리고 북극과 남극을 축으로 해서 조금 기울어진 상태로 자전을 해. 그래서 태양은 지구의 모든 지역을 똑같이 비추지 않아. 어떤 지역은 다른 지역보다 태양과 가까워서 햇볕이 더 많이 내리쬐지.

독일의 기후과학자 **쾨펜**(Wladimir Köppen)은 전 세계의 기후를 기온과 강수량을 기준으로 구분했어.[4] 쾨펜의 기후 구분 방식에 따르면 우리나라는 따뜻한 온대기후에 속해. 온대기후는 적절한 강수량과 온화한 기온 등으로 인해 사람이 살기 좋은 지역이야. 온대기후 덕분에 우리는 뚜렷한 사계절의 변화를 느낄 수 있게 되었지. 그래서 일찍부터 사람들이 온대기후 지역에 모여 살았고, 현재에도 세계 인구의 반 이상이 온대기후 지역에 살고 있다고 해.

온대기후에 속한 우리나라의 평균기온은 12.8도이고, 강수량은 1,306밀리미터야.[5] 이것은 우리가 아는 기온과는 차이가 있을 수도 있어. 왜냐하면 평균기온이란 봄, 여름, 가을, 겨울 1년 동안 매일의 기온을 더하고 365일로 나눈 값이기 때문이지. 우

> **쾨펜 (1946~1940)**
> 러시아에서 태어난 독일 기상학자로 식물이 자라는 것이 기후와 관련이 있다는 것을 발견한 후 세계의 기후 구분법을 만들었어.

리나라는 여름 기온이 영상 40도까지 올라가고, 겨울에는 영하 20도까지 내려가기도 해.

평균기온과 강수량은 우리나라 안에서도 지역마다 조금씩 차이가 있어. 지구는 둥근 구의 형태이기 때문에 북극에서 적도로 내려갈수록 땅에 도달하는 태양에너지가 많아져. 적도와 가까운 남부지방의 평균기온은 중부지방의 평균기온보다 높아. 태양에너지가 더 많이 도착하거든. 우리가 사는 대한민국은 여름이면 남부지방에서 중부지방으로 올라오는 태풍 때문에 남부지방의 제주도, 경상남도, 전라남도의 강수량이 높을 수밖에 없어.

이렇게 지역별로 기온과 강수량이 차이가 나기 때문에 그 지역의 풀과 나무가 자라는 데 영향을 주고, 풀과 나무를 먹이로 하는 곤충과 초식동물 그리고 육식동물 **생태계**에 영향을 주지. 온대 기후는 기후가 온화하고 강수량이 적당해서 농작물이 잘 자라고 식재료가 풍부해. 이렇게 지구의 기후는 우리 인간의 삶에 영향을 미치고 있어.

> **생태계** (生態系)
> 특정 지역 안에 사는 전체 생물과 그 생물에 영향을 주는 모든 요인들을 말해.

쾨펜의 기후구분과 태양에너지의 차이

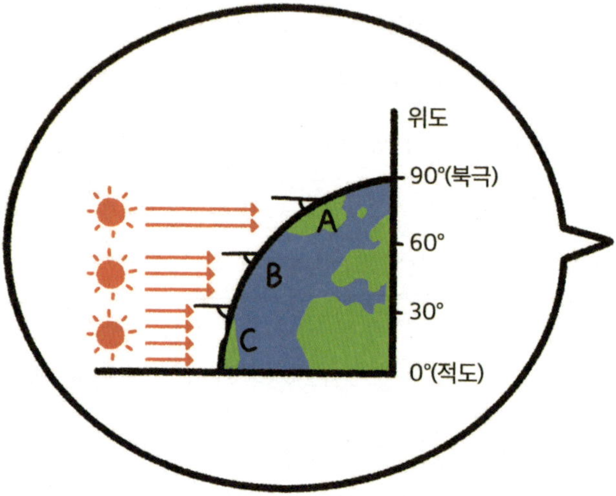

위도
- 90°(북극)
- 60°
- 30°
- 0°(적도)

A, B, C

적도

A에서 C로 이동할수록 즉, 북극에서 적도로 위도가 낮아질수록 지표면에 도착하는 태양에너지가 커!

한대 기후 1년 내내 평균 기온이 매우 낮아.

냉대 기후 사계절이 나타나지만 온대기후보다 겨울이 더 춥고 길어.

온대 기후 사계절이 비교적 뚜렷하고, 여름에는 기온이 높고 강수량이 많은 대신 겨울에는 기온이 낮고 강수량이 적지.

건조 기후 1년 동안의 강수량을 모두 합쳐도 500밀리미터가 안 될 정도로 비가 내리지 않아.

열대 기후 1년 내내 기온이 높고 강수량이 많아! 건기와 우기가 나타나는 곳도 있어!

적도에 가까울수록 지표면에 닿는 태양에너지가 많아! 그래서 적도 주변이 덥고, 남극과 북극으로 위도가 높아질수록 추워져!

• 오늘 당장 실천해 보자! •
지도를 보며 가고 싶은 나라의 기후 알아보기

　기상학자인 쾨펜은 기온과 강수량을 기준으로 전 세계의 기후를 열대기후, 온대기후, 냉대기후, 한대기후, 그리고 건조기후로 구분했어. 우선 강수량에 따라 나무가 자랄 수 있는 지역과 나무가 자랄 수 없는 지역으로 구분했어.

　나무가 자랄 수 있는 지역에는 열대기후와 온대기후, 냉대기후가 있어. 열대기후는 가장 추운 달의 평균기온이 18도 이상인 지역으로, 대표적인 나라에는 싱가포르, 인도네시아, 브라질 등이 있어. 온대기후는 가장 추운 달의 평균기온이 영하 3도에서 영상 18도 사이인 지역으로, 대표적인 나라로는 우리나라와 중국이 있고 서유럽에 해당하는 나라들이 포함돼. 사계절이 뚜렷해서 전 세계 인구의 절반 정도가 사는 지역이야. 냉대기후는 가장 추운 달의 평균기온이 영하 3도 미만인 지역으로 러시아의 시베리아나 캐나다 같은 지역이 냉대기후에 속해.

쾨펜의 기후구분도

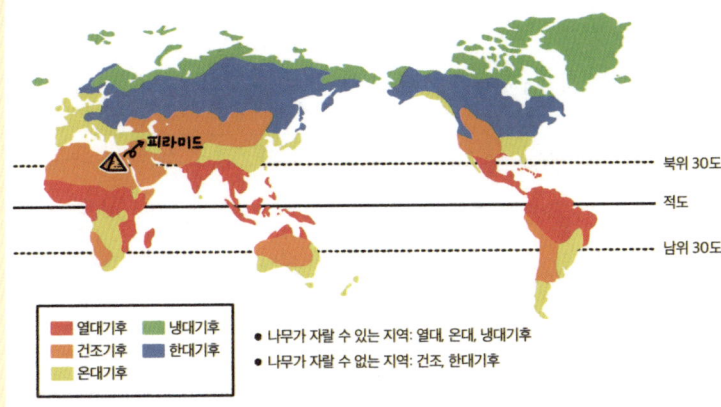

- 열대기후
- 건조기후
- 온대기후
- 냉대기후
- 한대기후

• 나무가 자랄 수 있는 지역: 열대, 온대, 냉대기후
• 나무가 자랄 수 없는 지역: 건조, 한대기후

이집트 피라미드가 있는 기자 지구의 모습

이미지 출처: 셔터스톡

　강수량이 낮아서 나무가 자랄 수 없는 기후로는 한대기후와 건조기후가 있어. 가장 더운 달의 평균기온이 10도 미만인 지역을 한대기후, 강수량 500밀리미터 미만으로 나무가 자랄 수 없는 따뜻한 지역을 건조기후로 구분해. 한대기후에 해당하는 곳은 북극 근처로 사람과 동물이 살기 혹독한 지역이고, 아프리카 북쪽, 사우디아라비아, 그리고 몽골 등지가 건조기후에 해당해.

　네가 가고 싶은 나라는 이 중 어디니? 세계지도를 펴 보고 평소에 가보고 싶었던 나라를 찾아봐. 그리고 그 나라가 어떤 기후에 포함되어 있는지 살펴보는 거야. 예를 들어 피라미드와 스핑크스가 있는 이집트는 건조기후에 속해. 건조기후는 강수량이 너무 낮아 나무가 살 수 없는 지역이야. 피라미드와 그 주변의 모습을 생각해 보면 건조기후가 어떤 지역인지 떠오를 거야. 이렇게 가고 싶은 나라를 하나둘씩 찾아보며 그 나라의 기후와 모습을 떠올려 보는 거야.

온실기체가 너무 많아!

대기 중 1퍼센트도 안 되는 그것!

우주에서 지구를 찍은 사진을 본 적이 있니? 우주에서 바라본 우리별 지구는 푸르고 둥글어. 우리 눈에는 보이지 않지만, 지구는 다양한 기체로 둘러싸여 있어. 이 기체들은 지구에서 우주까지 이어지는 공간에 이불처럼 겹겹이 쌓여 있는데 우리는 이렇게 쌓여 있는 기체들을 '대기'라고 해. 그리고 지구는 대기 중에 있는 기체가 도망가지 못하게 잡아둠으로써 우리 인간을 포함한 모든 생명체가 지구에서 살아갈 수 있도록 만들지.

지구가 대기를 잡아두는 덕분에 지구의 모든 생명체는 쾌적한 기온에서 살 수 있게 된 거지.

우리가 숨을 쉴 수 있는 이유는 대기 중에 산소가 있기 때문이야. 대기 중에 가장 많은 기체는 질소(N_2)이고, 그다음 많은 기체가 산소(O_2)인데, 질소(78퍼센트)와 산소(21퍼센트) 2개의 기체가 대기의 무려 99퍼센트를 차지해. 대기의 나머지 1퍼센트 중에 아르곤(Ar) 0.93퍼센트, 이산화탄소(CO_2) 0.04퍼센트, 그리고 나머지 기체들이 포함되어 있어.

우리가 온실기체라고 부르는 기체들은 실제로 지구의 대기 중 1퍼센트도 되지 않아. 그런데 왜 온도를 높이는 기체를 온실기체라고 하는 걸까? 식물원 유리온실의 유리와 비닐하우스의 비닐은 내부에 있는 따뜻한 온기가 밖으로 나가지 못하게 막는 역할을 해. 마찬가지로 지구의 에너지를 우주로 나가지 못하게 막는 역할을 하는 기체들을 온실기체라고 하는 것이고, 온실기체로 인해 지구의 온도가 올라가는 현상을 '온실효과'라고 해.

온실기체가 이불처럼 지구를 데우고 있어!

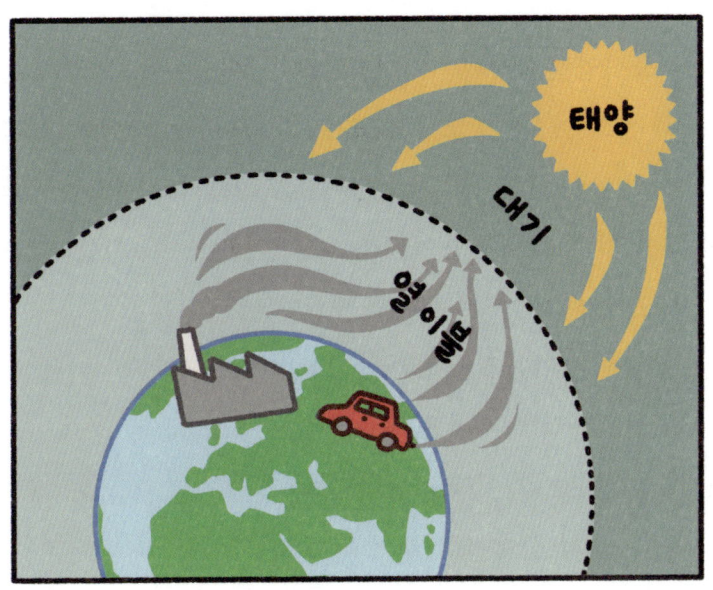

온실기체 자체는 나쁜 물질이 아니에요! 만일 지구에 온실기체가 없다면 많은 생명체가 얼어 죽게 될 거예요. 문제는 온실기체가 너무 많이 발생하는 것!

온실기체는 1가지가 아니야

대표적인 온실기체는 이산화탄소야. 이산화탄소는 탄소(C) 1개와 산소(O) 2개가 모여 만들어진 기체야. 탄소는 우리가 흔히 볼 수 있는 연필심의 재료인 흑연의 성분이고, 산소는 우리가 숨을 쉴 수 있게 만들어 주는 소중한 물질이지. 이산화탄소는 지구에 생명이 생기는 데 꼭 필요한 기체야. 왜냐하면 식물의 **광합성**에 꼭 필요하거든. 식물은 광합성을 통해 성장하는데, 이때 이산화탄소를 흡수하고 산소를 배출해.

> **광합성** (光合成)
> 식물이 햇볕(태양에너지)을 이용해 스스로 양분을 만드는 과정이야. 물과 이산화탄소를 포도당과 산소로 만들어.

대기 중에는 이산화탄소가 0.04퍼센트 정도 존재해. 쌀의 개수로 비교하면, 쌀알 1만 개 중에서 모래가 4개 정도가 섞여 있는 비율이니까 매우 적은 양이야. 이렇게 적은 양의 이산화탄소가 어떻게 지구온난화를 일으키냐고? 문제는 인간이 인위적으로 만든 이산화탄소 때문에 발생해. 우리가 석탄, 석유, 천연가스와 같은 화석연료를 태울 때 광합성과는 반대의 현상이 일어나. 산소를 쓰고 이산화탄소가 만들어지는 거지. 그런데 화석연료는 공장에서도 쓰고, 발전소에서도 쓰고, 집에서도 써.

이산화탄소 날개

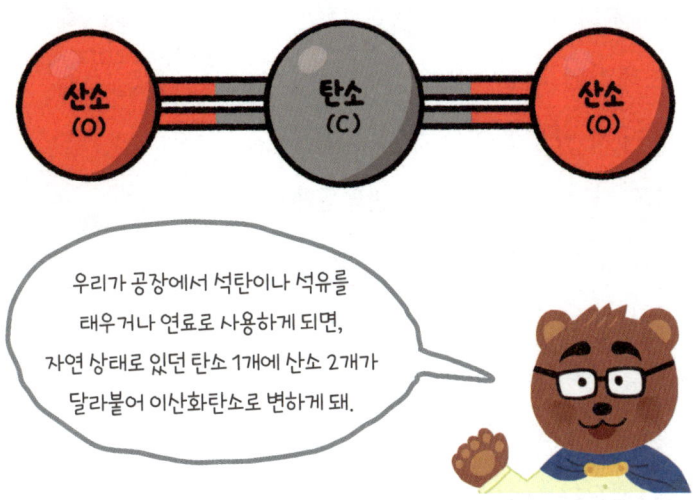

우리가 공장에서 석탄이나 석유를 태우거나 연료로 사용하게 되면, 자연 상태로 있던 탄소 1개에 산소 2개가 달라붙어 이산화탄소로 변하게 돼.

그렇기에 인류가 본격적으로 화석연료를 사용한 산업혁명 이후로 대기 중에 이산화탄소의 양이 너무나도 빠르게 늘어났어. 그래서 평균기온과 기후변화를 이야기할 때 '산업혁명 이후로'라는 표현을 쓰는 거야.

다른 온실기체로는 메탄(CH_4), 아산화질소(N_2O), 수소불화탄소(HFCs), 과불화탄소(PFCs) 및 육불화황(SF_6)이 있는데, 이산화탄소를 포함하여 이들을 6대 온실기체라고 불러. 메탄은 이산화탄소와 마찬가지로 화석연료를 사용할 때 같이 발생하기도 하고, 쓰레기장에서 쓰레기를 **소각**하거나, 매립장에 **매립**을 한 이후 쓰레기가 썩을 때 발생해. 그리고 물이 차 있는 논이나 습지에서 생기기도 하고 소와 양 같은 **반추동물**이 사료를 먹고 소화를 시킬 때도 만들어져. 메탄이 진짜 문제인 이유는, 대기 중에 이산화탄소보다 적은 양

> **소각** (燒却), **매립** (埋立)
> 쓰레기나 폐기물을 모아서 태우는 것을 소각이라고 하고, 땅에 파묻는 것을 매립이라고 말해.

> **반추동물** (反芻動物)
> 소나 양, 사슴과 낙타, 기린 같은 동물처럼 한번 삼킨 먹이를 게워 내어 다시 씹어먹는 특성을 가진 동물들을 말해.

이 존재하지만 메탄 1개가 온실효과에 미치는 영향은 이산화탄소 1개보다 21배나 크다는 점이야.

아산화질소 역시 이산화탄소, 메탄과 마찬가지로 화석연료를 사용하거나 쓰레기를 태울 때 같이 나와. 특히 아산화질소는 논밭에 뿌리는 비료에서 많이 생기지. 비료는 질소(N)로 만드는데, 질소로 만든 비료는 농작물이 건강하면서도 빨리 자랄 수 있게 만들어. 그런데 질소 비료는 뿌려진 이후에 산소(O)를 만나면서 아산화질소로 변해. 아산화질소도 메탄과 마찬가지야. 이산화탄소보다 대기 중에 적게 존재하지만 온실효과에 미치는 영향은 이산화탄소 1개보다 310배나 커.

이렇게 이산화탄소, 메탄, 아산화질소는 우리가 화석연료를

사용하는 과정에서 나오기 때문에 화석연료를 적게 사용할수록 온실기체는 적게 나오게 돼. 마찬가지로 쓰레기를 적게 배출하거나 재활용을 많이 하게 된다면, 쓰레기를 소각하거나 매립하는 과정에서 배출하는 온실기체도 줄어들게 되겠지. 그리고 소와 같은 고기를 적게 먹게 되면 소를 키울 때 발생하는 온실기체도 줄어들게 될 거야.

온실기체 '낯선 삼총사'

수소불화탄소, 과불화탄소 및 육불화황과 같은 '낯선 삼총사'도 지구온난화에 영향을 줘. 처음 들어보는 이름이지? 그래서 낯선 삼총사야.

수소불화탄소는 우리에게 정말 익숙한 에어컨이나 냉장고에 사용돼. 에어컨이나 냉장고 모두 더운 날씨에 실내 공기를 시원하게 만들거나 음식물을 잘 보존하게 만들지. 이렇게 공기를 차갑게 만드는 데 필요한 물질을 '**냉매**'라고 하는데, 수소불화탄소들이 바로

냉매 (冷媒)
에어컨과 냉장고 등의 낮은 온도의 물체에서 열을 빼앗아 높은 온도의 물체로 열을 운반해 주는 물질을 말해.

냉매야. 다만 에어컨이나 냉장고의 **배관** 안에 갇혀 있는 냉매는 공기 중으로 잘 빠져나가지 않아. 우리가 이

> **배관** (配管)
> 기체나 액체 따위를 다른 곳으로 보내기 위한 둥근 관을 말해.

사할 때 에어컨 실외기에 연결된 구리로 만든 관을 자르는 모습을 본 친구들도 있을 거야. 이때 배관 안에 갇혀 있던 냉매가 대기 중으로 날아가 버려. 과불화탄소는 반도체 공장에서 만들어지고, 육불화황은 전기제품을 사용할 때 생성되지. 이들 '낯선 삼총사' 온실기체 역시 이산화탄소보다 대기 중에 훨씬 적게 존재하지만, 낯선 삼총사 1개가 온실효과에 미치는 영향은 이산화탄소 1개보다 적게는 1,300배에서 많게는 2만 3,900배까지 크다고 해.

    생활하다 보면 어쩔 수 없이 온실기체를 만들게 돼. 다만 우리가 어떻게 생활하느냐에 따라 온실기체를 적게 배출할 수 있지. 우리가 화석연료와 화석연료로 만들어진 전기를 좀 더 적게 쓰고, 쓰레기를 적게 배출한다면 생활에서 나오는 온실기체의 양은 줄어들 거야. 우리 생활 속에서 온실기체를 적게 만들기 위해서는 어떻게 노력해야 하는지 고민해 볼까?

온실기체의 종류와 온난화지수

배출원	자동차나 공장 연료	폐기물, 농업, 축산	비료, 축산	냉매, 스프레이	반도체 공정가스	반도체 절연체
	CO_2 이산화탄소	CH_4 메탄	N_2O 아산화질소	HFCs 수소불화탄소	PFCs 과불화탄소	SF_6 육불화황
온난화지수	1	21	310	140~11,700	6,500~9,200	23,900

온난화지수란 이산화탄소가 지구온난화에 끼치는 영향을 기준으로 다른 온실가스들이 지구온난화에 끼치는 영향을 표시한 지수예요. 예를 들어 냉매나 스프레이는 이산화탄소에 비해 많게는 1만 1,700배나 지구온난화에 안 좋은 영향을 끼쳐요.

이산화탄소나 낯선 삼총사 등 온실기체는 대기 중에 정말 적은 양이 있지만, 이 적은 양이 지구온난화에 끼치는 영향은 너무 커. 그러니 적은 양이라고 안심할 것이 아니라, 사용할 때마다 더욱 조심해야겠지?

오늘 당장 실천해 보자!
온도계로 기온 측정해 보기

특정 장소의 온도를 측정할 때 지표면으로부터 얼마나 높아지느냐에 따라 온도가 달라져. 예를 들어 케이블카를 타고 산 정상에 올라가면 산 아래보다 추워지지? 지표면에서 100미터씩 올라갈수록 온도가 0.6도씩 떨어지기 때문이야. 그래서 온도를 측정할 때 어디서 측정하는가도 매우 중요해.

기온은 '대기 온도'를 줄인 말로 공기(대기)의 온도를 의미해. 우리나라에서는 지표면으로부터 1.5미터 높이에서 기온을 측정해. 그런데 왜 1.5미터일까? 아직 우리는 어려서 키가 작지만, 어른들은 보통 1.5미터 정도의 높이에서 숨을 쉬면서 생활하기 때문에 1.5미터가 중요하다고 해.

우리나라에서는 하루에 8회, 3시간마다 측정한 기온을 하루의 평균기온이라고 해. 낮에만 기온을 측정하면 너무 기온이 높고, 새벽에만 측정하면 너무 기온이 낮게

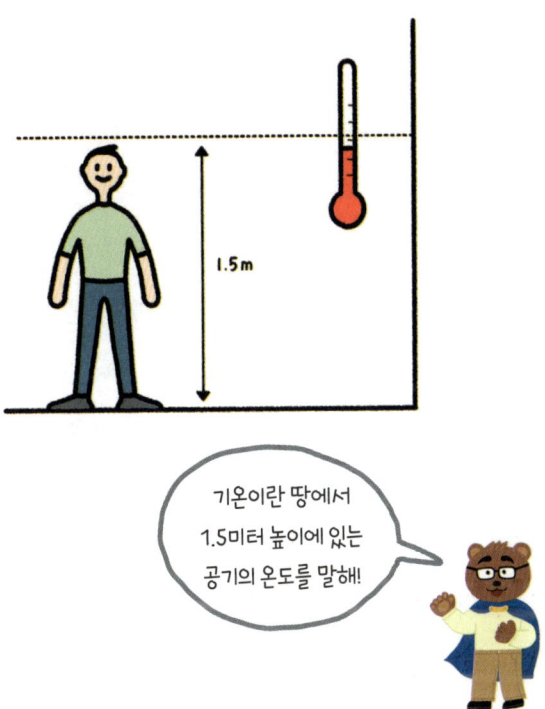

나올 수 있기 때문이야.

　집에 온도계가 있다면 주말에 부모님과 밖에 나가 온도를 측정해 보는 거야. 하루의 평균기온을 측정할 때는 3시간마다 8번 측정해야 하지만, 실험을 위해 하루 3번

만 기온을 측정해 보자. 오전 9시부터 시작해 3시간마다 측정해 보고 하루의 평균기온을 계산해 보는 거지. 오전 9시, 12시, 오후 3시. 이렇게 기온을 3번 측정하고 평균을 내보자.

마찬가지로 집에서도 실내 온도를 측정해 봐. 우리나라의 경우 적정 실내 온도가 여름철에는 26~28도, 겨울철에는 18~20도라고 해. 여름철에 실내 온도가 기준보다 낮다면 에어컨을 좀 적게 틀어보고, 겨울철에 실내 온도가 기준보다 높다면 난방을 좀 적게 틀어보는 거지. 에어컨과 난방의 사용량을 줄이면 온실기체 배출량도 낮아지는 효과가 있으니까 말이야.

도대체 지난 100년 동안 무슨 일이 있었던 거야!

기후는 언제부터 관측했을까?

 기후란 30년이라는 긴 시간 동안에 어떤 지역에서 되풀이되는 평균적인 기상 상태라고 이야기했지? 따라서 하루 이틀 엄청 춥거나 덥다고 해서 기후에는 큰 영향을 주지 못해. 이런 기후도 아주 먼 과거부터 따지기 시작하면 계속해서 변화해 왔어. 우선 언제부터 기후를 관측해 왔는지 살펴볼까?
 사람들이 먹고살기 위해 농사를 짓기 시작한 때부터, 그날그날의 날씨뿐 아니라 1년 동안의 기상이 어떻게 변하는지를 아는 것이 중요했어. 농사를 짓기 위해 가장 먼저 관측하기 시작한 게 바로 강우량, 즉 비가 얼마나 내리는지를 측정한 기록이야. 왜냐하면 비가 너무 많이 오면 홍수가 발생할 수 있고, 너무 적게 오면 가뭄이 발생하기에 강우량을 오랜 시간 동안 관측한 뒤에 "이때쯤이면 비가 많이 오니 홍수를 대비해야겠군"이라고 생각할 수 있었겠지.

세계 고대 문명의 발생지인 이집트 문명, 메소포타미아 문명, 인더스 문명과 황하 문명은 모두 큰 강을 끼고 있어. 물이 있어야 농사를 짓고, 식수로도 마시고, 배를 타고 사람들이 이동할 수 있었기 때문이야. 이집트의 경우 비로 인해 나일강이 주기적으로 **범람**했는데, 이집트 사람들은 안정적으로 농사를 짓기 위해 강물이 언제 범람하는지를 미리

범람 (汎濫)
큰 물이 흘러넘치는 현상을 말해.

알고 대비하는 것이 중요했어. 이때부터 이집트인들은 강우량을 측정하고, 주기적으로 나일강의 범람을 예측하는 달력을 만들기도 했어. 고대 이집트의 과학기술이 뛰어난 이유 중 하나가 규칙적으로 범람하는 나일강을 관리하고 이용하려는 기술을 개발한 덕분이었다고 해.

기록상 가장 오래된 온도계는 1593년에 **갈릴레이**(Galileo

Galilei)가 만든 온도계야. 갈릴레이는 액체의 온도가 올라가면 부피가 커진다는 사실을 이용해서 온도계를 만들었다고 해. 그리고 **파렌하이트**(Daniel Fahrenheit)는 현재에도 많이 쓰이는 알코올 온도계를 1709년에, 수은 온도계를 1714년에 발명했다고 해. 인류는 온도계 덕분에 정확한 온도를 측정할 수가 있게 되었지.

> **갈릴레이 (1564~1642)**
> 이탈리아의 철학자이자 과학자, 물리학자야. 지구가 태양을 돌고 있다는 '지동설'을 입증한 업적으로 유명한 인물이야.

> **파렌하이트 (1686~1736)**
> 네덜란드의 물리학자로, 세계 최초로 표준 온도계를 만들어 보급한 과학자야.

갈릴레이가 만든 온도계

이미지 출처: 셔터스톡

유리관 안에 온도가 적힌 다양한 유리구가 있는 것이 보이지? 유리관의 온도가 높아지면 밀도가 가장 작은 유리구가 가장 높은 곳으로 올라가고, 밀도가 가장 큰 유리구가 바닥에 가라앉는 것으로 온도를 알 수 있어.

우리나라도 이에 못지않게 오래전부터 기상요소를 관측했어. 조선시대 때 세종대왕은 서양보다 200년이나 앞선 1441년에 세계 최초의 측우기를 발명했어. 조선시대에는 농사를 짓는 것이 가장 중요한 산업이었기 때문에 풍년인지 흉년인지를 결정하는 강우량이 무척 중요했거든. 세종대왕은 같은 크기의 측우기를 전국에 보급해 강우량을 측정해서 보고하도록 했어. 조선시대부터 같은 기준으로 전국의 강우량을 측정하고, 관리한 점은 세계적으로 유래를 찾아보기 힘든 성과라고 해.

세종대왕이 만든 세계 최초의 측우기

이미지 출처: 셔터스톡

조선 시대 때 세종대왕이 만들어 전국에 보급한 측우기의 모습이야. 비가 내린 후에 원통 안에 고인 빗물의 깊이를 측정했어.

남극의 빙하를 통해 알 수 있는 정보

오늘날에는 과학 기술을 이용해 무려 80만 년 전까지의 기온을 추정할 수 있어. 바로 남극의 빙하를 관찰하면 돼! 남극의 빙하 두께는 1.6킬로미터 정도로 매우 두껍다고 해. 남극에는 매년 눈이 내리고 쌓이고를 반복하지. 특히 겨울철에 눈이 많이 내리고 나면, 쌓인 눈이 빙하로 변하겠지? 계절에 따라 눈이 내리는 양이 다르고 눈 위에 눈이 계속 쌓이다 보니 남극 빙하에 아주 깊게 구멍을 뚫어 **빙하 코어**를 캐내어 보면 매년 두께가 다른 줄무늬를 볼 수 있어. 나무의 나이테처럼 빙하에는 줄무늬가 층층이 있고, 빙하의 줄무늬를 가지고 1년, 2년, 3년⋯ 이렇게 한 해씩 줄무늬의 개수를 세어보는 거지.

> **빙하 코어** (氷河 Core)
> 남극의 빙하를 수직으로 깊게 뚫어서 채취한 얼음이야. 그 해 내린 눈의 양에 따라 나이테처럼 얼음의 두께가 달라져.

과학자들은 남극 빙하에 아주 깊게 구멍을 뚫어 빙하 코어를 캐냈어. 빙하 코어의 줄무늬 개수를 세어보니 80만 개가 나왔다고 해. 1년에 줄무늬가 한 개씩 생기니 80만 번째 줄무늬는 80만 년 전에 얼었던 빙하인 거야. 빙하 코어로는 단순히 빙하의 나이뿐 아니라, 당시의 기온도 추정할 수 있다고 해.

빙하 코어를 꺼내는 모습

이미지 출처: Helle Astrid Kjær

과학자들이 남극의 지하 깊은 곳에서 빙하 코어를 꺼내올리는 모습이야. 빙하 코어를 통해 과거 지구의 기온을 알아낼 수 있어!

과학자들이 남극의 빙하 코어를 이용해 추정한 과거의 온도를 살펴보면, 지난 80만 년 동안 전 지구의 평균기온은 현재보다 대부분 낮았다고 해. 또한 10~15만 년을 주기로 전 지구 평균기온이 올라갔다 내려갔다를 반복했어. 인간의 영향이 적었음에도 기온은 자연적으로 변했던 거야. 그래서 누군가는 "지구온난화는 자연스러운 현상이야"라고 말하기도 해.

그런데 여기서 문제가 되는 것은 온도 변화의 속도야. 산업혁명 이후 지난 100년 동안 전 세계의 평균기온이 1.1도 상승했다고 했지? 심지어 우리나라의 경우 전 세계의 평균기온 상승폭보다 0.5도나 높은 1.6도가 상승했어. 우리나라의 평균기온은 전 세계 평균기온보다 더 많이 올라간 거야.[6]

과거에는 자연적으로 평균기온이 1도 오르는 데 2,000년 정도 걸렸다고 하는데, 산업혁명 이후 지난 100년 동안에만 평균기온이 1.1도가 올랐으니, 인위적인 평균기온 상승 속도가 자연적인 평균기온 상승의 속도보다 20배나 빠른 거야.

누군가는 더워지면 에어컨을 틀면 된다고 할 수도 있어. 그런데 에어컨을 틀려면 전기를 만들어야 하고, 전기를 만들려면 화석연료를 태워서 온실기체를 발생시켜야 하지. 공기를 차갑게 만드는 에어컨의 냉매는 그 자체가 온실기체야. 높아진 기온을 피하기 위해 선택한 방법이 기온을 더욱 높아지게 만드는 거야. 이런 걸 우리는 악순환이라고 해.

동물이나 식물은 어떻게 되겠니? 지금의 동식물들은 수만 년 동안 자연적인 기후변화에 **적응**해서 살아남은 생물들이야. 적응을 하기 위해서는 아주 긴 시간이 필요하거든. 하지만 지금의 변화 속도는 너무 빨라서, 지구상의 생명체들이 적응해서 살아갈 수 없어. 수많은 동식물에게는 이미 익숙한 환경이 있는데, 지구가 빨리 변하면 새로운 환경에 적응하지 못하고 멸종될 수밖에 없어. 바로 우리가 만든 온실기체 때문에 말이야.

적응 (適應)
일정한 조건이나 환경에 맞추어 잘 어울리게 살아가는 것을 말해.

• 오늘 당장 실천해 보자! •
80만 년 전의 기온을 추정하는 법 알아보기

　남극의 빙하는 아주 먼 옛날부터 눈이 쌓이는 것이 반복되면서 만들어졌어. 남극은 원래도 추운 지역이지만, 겨울철에는 다른 계절보다 눈이 많이 내려. 눈 위에 다시 눈이 쌓이면, 위에 쌓인 눈은 밑에 있는 눈을 누르게 돼. 결국에는 눈이 많이 올수록 위에 있는 눈이 아래에 있는 눈을 누르는 무게가 커져 눈이 더 단단하게 뭉쳐지겠지.

　겨울철을 생각해 봐. 소복하게 쌓인 눈을 발로 밟으면 눈이 압축되면서 단단하게 뭉쳐져. 이렇게 겨울철에 눈이 많이 와서 잔뜩 눌린 눈은 빙하 줄무늬의 짙은 부분이 되고, 여름철에 눈이 많이 오지 않아 덜 눌린 눈은 빙하 줄무늬의 옅은 부분이 되지.

　그럼 어떻게 과거의 기온을 추정하는 걸까? 대기 중에 21퍼센트나 존재하는 산소에는 2가지 종류가 있어. 하나는 우리가 일반적으로 아는 가벼운 산소(^{16}O)이고, 다른 하나는 산소에 **중성자**가 2개 더 존재하는 무거운 산소

(^{18}O)야. 이렇게 같은 산소라도 무게가 다른 산소를 두고 **동위원소**라는 표현을 써. 조금 어렵지? 산소(O)와 수소(H)가 만나 물(H$_2$O)이 되었을 때에도 가벼운 산소로 만들어진 물과 무거운 산소로 만들어진 물 즉, 동위원소 때문에 물도 가벼운 물과 무거운 물이 존재하게 돼.

그런데 이 무거운 물과 가벼운 물은 날씨에 따라 **증발**하는 양이 달라. 물은 날씨가 더워지면 증발하게 되는데, 날씨가 더울수록 증발하는 물의 양도 늘어나게 돼. 그런데 무거운 물은 무게 때문에 가벼운 물보다 증발하기가 어려워.

날씨가 추울 때는 가벼운 산소로 만들어진 물만 먼저 증발해서 구름이 되어 눈으로 내리고, 날씨가 더울 때는

> **중성자** (中性子)
> 물질의 가장 작은 단위인 원자를 구성하는 요소 중의 하나야. 원자는 원자핵, 전자, 중성자로 구성되어 있어.

> **동위원소** (同位元素)
> 같은 원소여서 원자 번호는 같지만, 중성자 수가 달라서 서로 질량이 다른 원소를 말해. 가벼운 산소(^{16}O)와 무거운 산소(^{18}O)가 대표적이지.

> **증발** (蒸發)
> 물과 같은 액체가 기체로 변하는 현상을 말해.

　무거운 산소로 만들어진 물도 증발해서 구름이 되어 눈으로 내리게 돼.

　빙하 코어에서 줄무늬마다 무거운 산소로 만들어진 물이 많은지, 가벼운 산소로 만들어진 물이 많은지를 관찰하면 기온을 추정할 수 있어. 가벼운 산소로 만들어진 물이 많으면 '그 해의 기온은 추웠다'고 추정하는 것이고, 무거운 산소로 만들어진 물이 많으면 '그 해의 기온은 더웠다'고 추정하는 거야. 이렇게 한 해 한 해 관찰한 결과로 80만 년 전까지 남극 기온을 미루어 짐작하는 거야.

　그리고 빙하의 줄무늬를 관찰하다 보면 화산재가 섞여 있기도 해. 지구의 어딘가에서 대규모의 화산이 폭발한 뒤 화산재가 바람을 타고 대기를 떠다니다가 눈과 같이 섞여서 내렸기 때문이야. 그래서 과학자들은 이때의 빙하 줄무늬를 세어본 뒤에 먼 옛날 언제쯤에 화산이 폭발했었는지도 계산할 수 있어. 화산과 기후의 관계는 다음 장에서 한번 살펴보도록 할게.

빙하 코어와 빙하 줄무늬

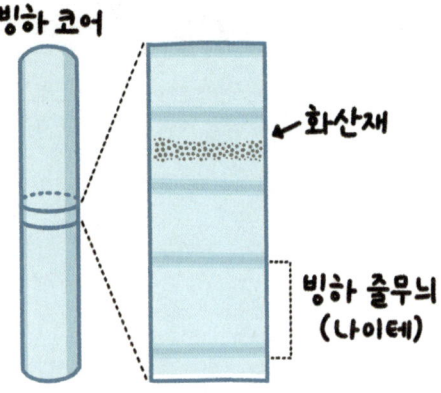

빙하 줄무늬를 통해서 오래 전 지구의 기온을 알 수 있는 것뿐만 아니라, 섞여 있는 화산재의 위치를 통해 화산이 폭발한 시기도 알 수 있지!

화산은 지구의 기온을 낮추기도 해

화산과 기온의 관계

화산 폭발에 관한 이야기는 모두 들어본 적이 있지? 화산 폭발 때문에 공룡이 멸종했다는 이야기도 들어본 적이 있을 거야. 화산 활동과 지구 생물과는 도대체 무슨 관련이 있을까?

대규모의 화산이 폭발하면, 화산으로 인해 생성된 많은 양의 화산재와 가스가 순식간에 대기 중으로 뿜어져 나와. 지구의 대기는 공기층으로 겹겹이 쌓여 있는데, 대기 중으로 뿜어져 나온 화산재와 가스는 지표면으로부터 50킬로미터 높이에 있는 **성층권**까지 올라가기도 해.

> **성층권** (成層圈)
> 우리가 비행기를 타면 볼 수 있는 하늘이라고 생각하면 돼! 지표면으로부터 높이 11~50킬로미터 정도에 위치하며, 기온은 영하 50도 정도 되는 대기 위치를 말해. 온도나 기압의 변화가 없고 습도가 낮으며, 바람과 구름도 거의 없는 곳이야.

　화산 폭발로 인해 대기 중으로 높이 올라간 화산재와 가스는 시간이 지나면서 서서히 주변으로 퍼져. 그런데 이렇게 대기 중에 퍼진 화산재가 지구 평균기온을 어떻게 낮추는 걸까?

　우리 눈에 보이지는 않지만, 태양으로부터 들어오는 에너지만큼 지구도 우주로 에너지를 내뿜고 있어. 우주에서 지구로 들어오는 에너지가 화산재로 인해 바로 반사되어 적게 들어오는 반면에, 지구에서 우주로 나가는 에너지는 화산재의 영향과 상관없이 평상시와 같은 양의 에너지가 우주로 나가. 이렇게 되면 우주에서 지구로 들어오는 에너지보다, 지구에서 우주로 나가는 에너지가 더 많아지겠지? 그렇게 되면 들어오는 에너지와 나가는 에너지의 양이 같아 맞춰졌던 에너지의 균형이 잠시나마 깨지게 돼. 결국 지구로 들어오는 태양에너지의 양이 적어져 일시적으로 지구 평균기온이 낮아지게 되는 거지.

화산재로 인해 지구의 기온이 떨어지는 원리

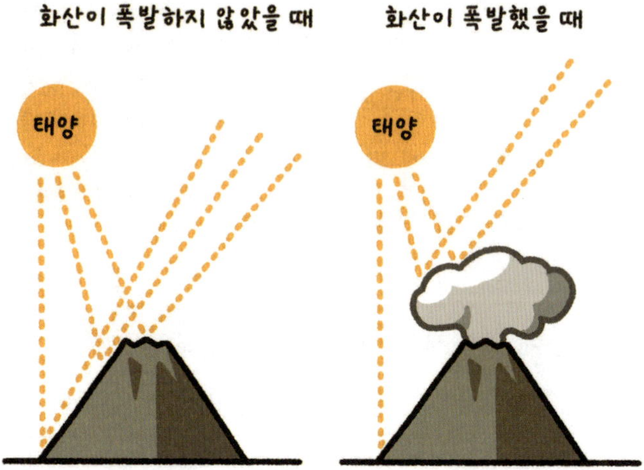

화산이 폭발하지 않았을 때 / 화산이 폭발했을 때

태양

화산폭발로 기온이 낮아져

1815년 인도네시아 동쪽에 있는 숨바와섬의 탐보라(Tambora) 화산이 폭발했어. 탐보라 화산의 폭발로 인해 화산재와 가스가 지표면으로부터 44킬로미터 정도 높이까지 올라갔다고 해. 그 결과 1815년에는 전 세계의 평균기온이 5도 정도 낮아졌어. 같은 해 6월에는 미국에 폭설이 50센티미터 정도 내렸고, 전 세계에서 이상기후가 발생했어. 대규모 화산의 폭발로 '화산 겨울(volcanic winter)'이 발생한 거야. 이렇게 낮아진 기온은 농작물의 생산에도 영향을 주겠지. 대기가 화산재와 가스로 덮여 있어 태양을 보는 날이 적어지게 되었고, 낮아진 평균 기온은 농작물의 생산을 더디게 만들었어. 탐보라 화산의 폭발과 흘러내린 용암으로 인해 1만여 명이 사망했고, 탐보라 화산이 만든 기후변화로 인해 굶어죽거나 병에 걸려 죽은 사람이 8만 2,000명에 달했다고 해.

탐보라 화산의 폭발은 우리나라에도 영향을 미쳤어. 《조선왕조실록》에도 탐보라 화산 폭발로 인한 영향이 기록되어 있어. 순조 16년(1816년) 4월 20일에는 여러 지역에서 연달아 흉년이 들어 농작물로 받는 세금이 적어졌고, 부족해진 세금을 어떻게 해결할 것인지 이야기한 기록이 남아 있어. 그리고 두 달쯤 뒤인 6월 24일에는 장마가 계속 이어져 비가 멈추길 비는 제사를 준비하는 모습도 담겨 있어. 당시 조상들은 이런 자연재해가 아주 먼 인도네시아 탐보라 화산의 폭발로 인한 화산 겨울의 영향이라고는 생각하지 못했을 거야.

> **조선왕조실록** (朝鮮王朝實錄)
> 조선시대 왕들의 역사를 기록한 1,893권의 책으로 국보 제151호이자 유네스코 세계기록유산으로 등재되어 있어.

1883년에는 인도네시아의 크라카타우(Krakatau) 화산도 폭발했어. 이 화산 폭발로 크라카타우섬의 3분의 2가량이 바닷속으로 가라앉았고, 화산재와 가스가 지표면으로부터 25킬로미터 정도까지 올라갔다고 해. 크라카타우 화산 폭발로 인한 화산재와 가스는 전 지구의 평균기온을 1.5도 정도 낮췄어. 크라카타우 화산 폭발의 직접적 피해로만 3만 6,000명이 사망했고, 유럽에서는 전례 없는 강추위와 **기근**이 일어나 유럽과 아시아에서만 약 200만에서 600만 명 정도가 사망했다고 해.[7]

> **기근** (飢饉)
> 흉년으로 먹을 양식이 모자라 굶주리는 것을 말해.

1902년에는 과테말라의 산타마리아산, 1963년에는 인도네시아의 아궁산, 1982년에는 멕시코의 엘치촌산, 1991년에는 필리핀의 피나투보산이 폭발했어. 이들은 20세기에 폭발한 대표적인 대규모 화산이야. 최근에도 지구온난화가 이루어지고 있음에도 불구하고, 화산 폭발로 인해 전 지구 평균기온이 일시적으로 하락하기도 했지.

1981~2010년 사이의 평균기온을 기준으로 삼아 평균기온 그래프를 살펴보자. 1940~2000년까지 전 세계 평균기온은 1981~2010년 사이의 평균기온보다 낮았어. 그리고 1940년부터

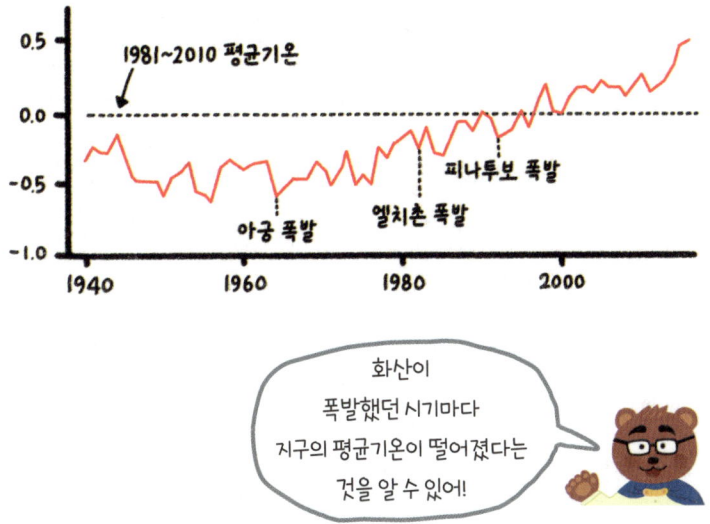

전 세계 평균기온은 지구온난화로 인해 계속 올라가는 걸 볼 수 있어. 그런데 1963년 아궁 화산, 1982년 엘치촌 화산, 1991년 피나투보 화산이 폭발했을 때 일시적으로 전 지구 평균기온이 낮아지는 것을 확인할 수 있을 거야. 이렇게 대규모 화산폭발이 발생하면 전 지구 평균기온을 낮추게 돼. 그리고 낮아진 평균기온은 농작물의 생산에 영향을 주고, 우리 인간의 삶에도 영향을 주겠지. 기후와 인간의 삶은 떼려야 뗄 수 없는 관계니까 말이야.

· 오늘 당장 실천해 보자! ·
제주도 화산 폭발의 역사 알아보기

제주도의 한라산의 높이는 1,841.7미터로 한반도 남쪽에서 제일 높은 산이야. 그리고 한라산 정상에는 화산이 폭발한 뒤 오목하게 패인 분화구가 존재해. 바로 백록담(白鹿潭)이야. 백록담은 흰 사슴(白鹿)이 한라산 정상에서 떼를 지어 놀면서 물을 마셨다는 데서 유래된 **지명**이라고 해.

> **지명** (地名)
> 마을이나 지방, 산천, 지역의 이름을 말해.

제주도는 약 200만 년 동안 여러 번 화산활동이 발생하면서 만들어졌어. 그래서 한라산은 매우 복잡하고 다양한 **지층**을 가지고 있어. 한라산 백록담 서쪽 부분은 약 3만 7,000년 전에 화산 폭발로 생겼고, 한라산 백록담 동쪽 부분은 약 2만 년 전에 화산 폭발로 생겼다고 해.[8]

> **지층** (地層)
> 알갱이의 크기, 색, 성분 등이 서로 달라서 위아래가 다른 땅 무더기를 말해.

대규모의 화산 폭발은 아니지만, 제주도에서는 한라

산 말고도 여러 번 작은 화산 활동이 있었어. 과학자들이 연구한 결과 제주도 남서쪽의 송악산은 3,800년 전, 서쪽의 비양도는 최소 4,500년 전, 동쪽의 성산일출봉은 6,000~7,000년 전에 화산 폭발이 있었다고 해.9 제주도는 대규모의 화산 폭발로 인해 한 번에 생긴 섬이 아닌 거야.

제주도에 화산 폭발이 발생했던 3,000~7,000년 전이 먼 과거 같아 보이지만, 지구의 나이가 46억 년이나 되었다는 것을 생각하면 비교적 최근에도 우리나라에서 화산 폭발이 발생했던 것이지. 이외에도 제주도 남쪽에는 화산 용암이 급격히 식어 만들어진 주상절리도 있으니, 제

백록담

주도로 가족 여행을 간다면 화산 지형들을 찾아가 보는 건 어떨까?

주상절리

주상절리를 자세히 보면 육각형의 기둥 모양을 하고 있는데, 화산이 폭발할 때 생긴 뜨거운 용암이 차가운 바닷물을 만나 갑자기 식으면서 무수한 기둥 모양으로 갈라지게 된 거래!

사계절이 변하고 있어!

매미 소리가 빨라진다

여름이라는 단어를 들으면 어떤 소리가 떠오르니? 아마도 매미 소리일 거야. 여름날의 뜨거운 태양을 피해 나무 그늘에 매달려 매미는 쉬지 않고 '맴맴' 거리지. 그런데 매미가 울 수 있는 기간이 그렇게 길지 않다는 사실을 알고 있니?

매미는 약 3~6년 동안 나무 밑 땅속에서 유충으로 살다가 한여름에 지상으로 올라와. 그리고 매미의 유충은 선퇴 즉, 갈색의 껍질을 벗고 매미의 성충이 돼. 그래서 한여름 매미 소리가 우렁차게 들리는 나무줄기에서 우리는 쉽게 선퇴를 볼 수 있어. 이렇게 성충이 된 매미는 약 한 달 동안 번식 활동을 하다가 생을 마감해. 3~6년 동안이나 땅속에서 기다렸는데, 지상에서 한 달 정도밖에 못 사는 거야.

이미지 출처: 셔터스톡

나무 줄기에 매달려 있는 선퇴의 모습이야.

짝짓기에 성공한 매미 암컷은 나무껍질에 수백 개의 알을 낳아. 그리고 수컷과 암컷은 이 알들이 부화하는 것을 보지 못한 채 한 달이라는 찰나의 시간을 마감해. 알에서 부화한 매미

애벌레는 다시 땅속으로 들어가 나무뿌리에서 나오는 수액을 빨아 먹으며 그들의 부모처럼 3~6년 동안 유충으로 살아.

최근 들어 매미의 생애에 큰 변화가 나타나고 있어. 1981~2010년 사이에 매미의 첫 소리가 들린 날짜가 7월 13일쯤이었어. 그런데 1991~2020년 사이에는 매미의 첫 소리가 7월 10일쯤에 나기 시작했어. 과거보다 매미의 첫 소리가 들리는 날짜가 3일 정도 빨라진 거지.[10] 그런데 요즘 들어서 매미의 첫 소리가 들리는 날짜가 더욱 빨라지고 있다고 해.[11] 왜 매미의 첫 소리가 들리는 날짜가 빨라진 것일까?

계절의 길이와 시작 시점의 변화

매미는 계절의 변화에 예민하게 반응하는 곤충이야. 본능적으로 여름이 왔음을 느끼고 기나긴 땅속 생활을 벗어나 땅 위로 올라와. 매미의 첫 소리가 빨라지고 있다는 것은 여름의 시작이 빨라지고 있다는 것을 의미하기도 해.

옛날 조상들은 계절을 **24절기**로 나누었어. 2월에 입춘(立春), 5월에 입하(立夏), 8월에 입추(立秋), 11월에 입동(立冬)을 각각 봄,

여름, 가을, 겨울이 시작하는 날짜로 잡았지. 또는 사계절을 조금 쉽게 구분하기도 해. 3~5월이 봄, 6~8월이 여름, 9~11월이 가을, 그리고 12~2월까지를 겨울로 나누고 각 기간을 대략 90일 정도로 생각하기도 하지.

> **24절기** (24節氣)
> 태양의 움직임에 따라 1년을 24개 단위로 나눈 것으로, 조상들은 24절기를 기준으로 계절을 구분하고 농사를 지었어.

그런데 기상청은 조금 더 복잡하게 계절을 구분해. 기온을 기준으로 봄, 여름, 가을, 겨울을 나누지. 최저기온, 평균기온, 최고기온을 측정한 후 그날의 기온이 기상청에서 정한 기준을 넘었는지에 따라 계절을 구분하는 방식이야. 예를 들어, 봄의 시작은 그날의 최저기온이 0도 이상이면서 평균기온이 5도 이상일 때를 기준으로 하는 거지.

기상청이 〈우리나라 109년 기후변화 분석 보고서〉를 통해 추적한 결과에 따르면, 1981~2010년 동안에는 봄, 여름, 가을, 겨울의 기간이 각각 87일, 114일, 70일, 94일이었다고 해. 그러다 최근 10년(2011~2020년) 동안에는 봄, 여름, 가을, 겨울이 각각 87일, 127일, 64일, 87일이 되었다고 해. 과거에 비해 여름이 13일 늘어났고, 가을과 겨울이 각각 줄어들었어.[12]

계절의 길이만 변했을까? 아니야. 계절이 시작하는 날짜도

봄꽃 개화 시기와 매미 소리 관측 시기의 변화

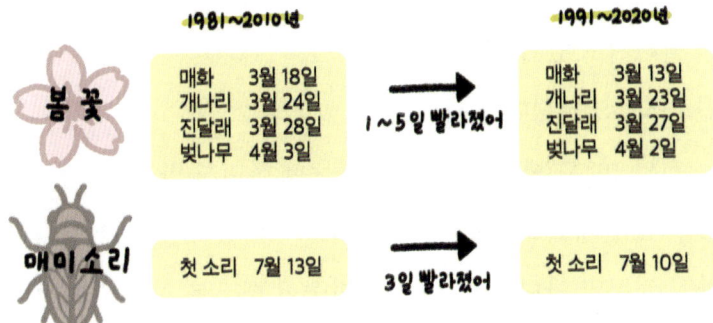

출처 : 기상청, 1991~2020년 신 평년기간 동안 계절관측 분석, 2021.

변하고 있어. 기상청이 계절을 나누는 기준에 따라 관측해 본 결과, 지난 30년(1991~2010년) 동안 봄은 3월 7일에 시작되었어. 그런데 최근 10년(2011~2020년) 동안에는 봄이 2월 27일에 시작되었어. 봄의 기간은 87일로 과거와 현재가 같은데, 봄이 시작하는 날짜가 8일 정도 빨라진 거야. 봄이 빨라진 만큼 여름도 빨라졌어. 과거에 여름은 6월 2일에 시작해서 9월 23일쯤 끝났는데, 요즘은 여름이 5월 25일에 시작해서 9월 28일쯤에 끝난다고 해. 여름이 더 빨리 시작하면서도 더 늦게 끝나는 거지.

이러한 계절의 변화를 우리는 눈으로 살펴볼 수 있어. 가장 대표적인 것이 봄꽃이 피는 시기야. 대표적인 봄꽃인 개나리와 진달래는 3월에 피고, 벚꽃은 4월에 펴. 그런데 봄꽃 **개화** 시기가 최근 들어 빨라지고 있어. 예전과 비교해 보면 1~5일 당겨졌다고 해.

> **개화 (開花)**
> 풀이나 나무의 꽃이 피는 것을 말해.

지난 2023년에는 봄이 너무 따뜻한 나머지 벚꽃이 3월 마지막 주에 만개했고, 거기에 더해 비까지 내렸어. 만개 시기가 빨라진 것뿐만 아니라 비 때문에 벚꽃이 대부분 일찍 떨어졌어. 그래서 4월 첫째 주에 벚꽃축제를 준비했던 많은 지역은 벚꽃축제 기간을 부랴부랴 일주일씩 앞당기기도 했지. 벚꽃축제 기간을 앞당기지 않고 원래의 일정대로 진행한 지역에서는 '벚꽃 없는 벚꽃축제'를 열어야만 했어. 어른들도 '무엇인가 변하고 있구나'라고 느끼게 되는 계기가 되었지.

오늘 당장 실천해 보자!
종이신문을 활용해 봄철 개화시기 알아보기

　요즘은 모두가 스마트폰이나 컴퓨터를 통해 뉴스를 보지만, 20년 전만 해도 신문을 통해 뉴스를 보는 사람이 더 많았다는 것을 아니? 1996년에는 전국에 있는 69.3퍼센트의 가정이 종이신문을 구독했다고 해. 그런데 2020년에는 6.3퍼센트의 가정만 종이신문을 구독하고 있어.[13] 신문보다는 다른 수단을 통해 뉴스를 보는 사람이 더 많아진 거지.

　봄철이 다가오면 기상청에서 예측하는 올해의 벚꽃 개화시기가 신문에 나와. 그래서 과거의 신문을 통해 예전의 봄철 개화시기를 살펴볼 수 있어.

　우선 종이로 된 과거 신문은 국회도서관에서 찾아볼 수 있어. 국회도서관은 우리나라에서 두 번째로 큰 도서관으로 책은 무려 556만 권이 있고, 신문도 1,616종을 보관하고 있어. 국회도서관에 찾아가면 내가 보고 싶은 종이신문을 한 장씩 넘기면서 과거에는 언제 벚꽃이 폈는

지 찾아볼 수 있어. 겸사겸사 신문을 찾다가 내가 태어난 날에 어떤 중요한 뉴스가 실렸는지도 찾아볼 수 있으니 한 번 경험해 봐.

　국회도서관을 직접 방문하기 어렵다면 신문사의 누리집이나 네이버(NAVER) <뉴스 라이브러리>에서는 과거 신문을 인터넷으로 찾아볼 수 있어. 1920년 3월 5일부터 발간된 종이 신문을 직접 볼 수 있으니, 인터넷으로도 내가 태어난 해에 벚꽃이 언제 피었는지 찾아보자.

　신문을 찾아본 결과 1997년 서울에서는 4월 8일 정도에 벚꽃이 피고, 2023년에는 4월 2일쯤 필 것으로 예측되었어. 26년 동안 벚꽃의 개화시기가 6일 정도 앞당겨진 거야. 우리가 느끼지 못하는 속도지만 계절의 길이가 변하면서 개화시기도 변하고 있는 거지.

　네가 태어난 해의 벚꽃 개화시기는 언제였니? 그리고 네가 태어난 날의 중요한 기사는 무엇이었니? 꼭 한번 찾아보길 바라.

1997년과 2023년 벚꽃 개화 시기 예상도

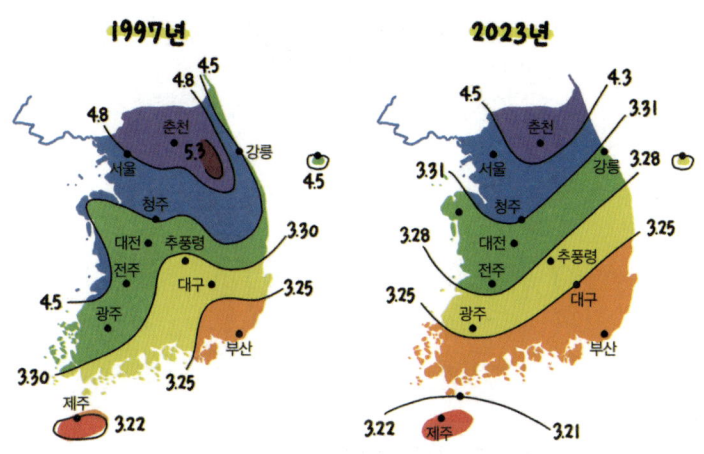

출처 : 강원일보, 케이웨더

1997년 3월 30일에는 대구와 추풍령 정도까지 벚꽃이 필 것으로 예상되었지만, 2023년 3월 31일에는 청주나 강릉까지도 개화 시기가 당겨졌다는 것을 확인할 수 있어. 개화 예상 시기의 색상이 위로 올라간 것이 보이지?

거칠어지는 장마와 태풍

여름철에 찾아오는 많은 비

우리나라의 여름철에는 비가 많이 와서 습도가 높아. 여름철 한낮에는 온도가 40도까지 올라가고 습도도 높은 무더위가 우리를 괴롭히지. 무더위는 원래 습도가 높다는 의미에서 '물+더위'가 합해져 만들어진 말이라는데, 점차 사람들이 발음하기 쉽게 받침 'ㄹ'이 빠지고 '무더위'가 되었대. 말 그대로 습도가 높은 더위라는 의미야.

한여름 밤에는 제대로 잠을 못 자게 만드는 열대야도 찾아와. 열대야는 하루 중 최고기온이 30도 이상이고, 밤에도 최저기온이 25도 이상인 무더운 밤을 의미해. 마치 열대지방의 밤처럼 덥다고 해서 열대야라고 해.

여름철에 우리나라를 찾아오는 또 다른 손님 장마와 태풍은 바람을 타고 오는데, 계절에 따라 우리나라에 영향을 미치는 **기단**이 달라. 봄과 여름에는 따뜻한 공기를 가진 기단이, 가을과 겨울에는 차가운 공기를 가진 기단이 우리나라에 영향을 줘.

> **기단** (氣團, air mass)
> 성질이 비슷한 거대한 공기 덩어리를 의미해. 우리나라는 계절에 따라 서로 다른 기단의 영향을 받아.

장마는 길다는 의미의 한자 '장(長)'과 비의 옛말인 '마'를 합해서 만든 말이야. 여름철에 비가 여러 날 길게 내리는 장마는 우리나라 북쪽에서 내려오는 차가운 **오호츠크해 기단**과 남쪽에서 올라오는 따뜻한 **북태평양 기단**이 만나 발생해.

> **오호츠크해 기단**
> 우리나라 북동쪽 러시아 오호츠크해에서 만들어지는 차갑고 습한 기단이야. 6~7월 사이에 우리나라에 영향을 줘.

> **북태평양 기단**
> 우리나라 남동쪽 북태평양 부근에서 만들어지는 따뜻하고 습한 기단이야. 장마철 우리나라에 큰 영향을 미쳐.

손바닥 밀치기 놀이 아니? 둘이 마주 보고 서서 손바닥으로 상대방의 손바닥을 힘껏 밀어 쓰러지게 만드는 놀이지. 그런데 두 사람의 힘이 비슷하면 팽팽하게 힘겨루기를 하면서 오랫동안 버티기도 해.

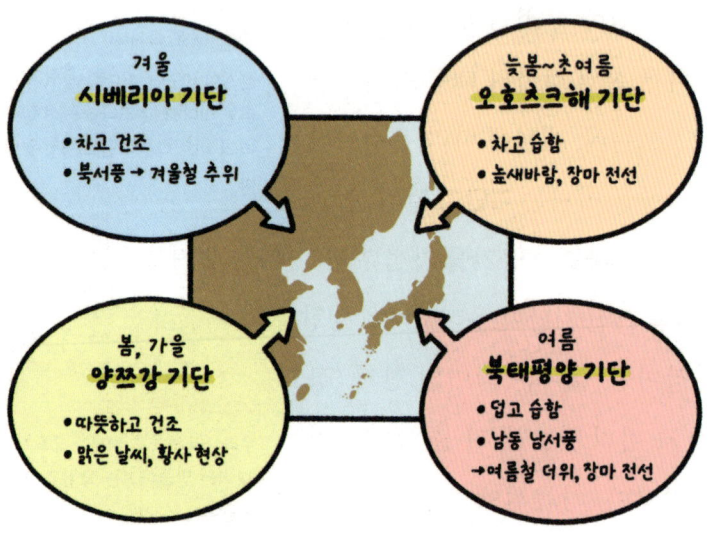

우리나라 날씨에 영향을 주는 4개의 기단

 마찬가지로 봄에서 여름으로 넘어가는 시기에는 오호츠크해 기단과 북태평양 기단의 힘이 비슷해 우리나라에서 두 기단이 부딪혀. 북쪽에서 내려오는 차가운 공기인 오호츠크해 기단은 남쪽에서 올라오는 따뜻한 공기인 북태평양 기단 밑으로 파고들어. 두 힘이 우리나라 상공에서 겨루는 초여름에는 두 기단이 모두 꼼작하지 않는 **정체전선**이 만들어져. 이 정체전선이 바로 여름에 계속 비를 뿌리는 장마전선이야.

> **정체전선** (停滯前線)
> 찬 기단과 따뜻한 기단이 만나 경계선이 거의 움직이지 않고 한 곳에 머물러 있는 전선을 말해.

장마가 지나간 다음에는 태풍(颱風, Typhoon)이 찾아와. 신기하게도 태풍의 우리나라 발음과 영어 발음이 비슷해. 왜 그럴까? 영어의 타이푼(Typhoon)이라는 말은 그리스 신화에 나오는 가장 강하고 무서운 힘을 가진 거대한 괴물 티폰(Typhon)에서 유래되었어. 대지의 여신 가이아(Gaia)와 거인족 타르타로스(Tartarus) 사이에서 태어난 티폰은 아주 사악하고 파괴적이었는데, 제우스(Zeus)의 공격을 받아 다른 능력은 빼앗기고 폭풍우를 일으킬 수 있는 능력만 남았다고 해. 이후 사람들은 아시아에 발생하는 태풍[taifung, 중국어 발음 타이펑]을 티폰과 연계시켜 '타이푼'이라는 단어를 만들었다고 해.

태풍은 7~10월에 동남아시아 바다의 뜨거운 열기와 수증기를 공급받으면서 점차 북쪽으로 올라와. 그리고 우리나라에 때때로 큰 영향을 주기도 해. 최근 30년 동안 일 년에 평균 25.1개의 태풍이 발생했는데, 우리나라에 영향을 준 태풍은 평균 3.4개 정도밖에 되지 않아. 모든 태풍이 우리나라에 영향을 미치

는 것은 아니지.[14]

우리나라의 이상기후

앞서 언급한 〈우리나라 109년 기후변화 분석 보고서〉에 따르면, 지난 109년 동안 우리나라의 강수량도 1년에 1.71밀리미터씩 늘어나고 있다고 해. 반면 비가 내리는 날은 1년에 0.273일씩 줄어들고 있다고 해. 오랜 시간에 거쳐 강수량은 조금씩 증가했는데, 비가 내리는 날은 줄어든 거야. 이것은 한 번 비가 내릴 때 더 많은 비가 집중해서 내린다는 것을 의미해.

기상청에서 제공하는 기상자료를 좀 더 자세히 살펴보자. 기상청에서는 전국에 있는 기상관측소의 과거 자료를 공개하고 있어. 우리나라에는 기상관측소가 99개 정도 있는데, 가장 대표적인 기상관측소는 서울특별시에 있는 **서울기상관측소**야. 서울기상관측소의 최근 10년간 평균강수량은 1,237밀리미터인데 점차 강수량이 증가하는 추세야. 그런데 더 중요한

> **서울기상관측소**
> 서울시 종로구에 위치한 기상관측소로 국립기상박물관으로도 쓰이고 있어. 서울기상관측소에서 첫눈을 봐야 서울시의 첫눈으로 기록해.

것은, 최근 들어서는 비가 내리는 시기가 6~9월에 집중되고 있다는 거야. 반대로 겨울철에는 강수량이 적어지고 있어. 즉, 눈이 적게 내리고 있는 거야.

특히 지난 2022년 8월 초에는 서울과 수도권 지역에 2~3일 동안 폭우가 내렸어. 이 폭우로 인해 서울과 수도권 곳곳이 침수되었고, 전국적으로 사망자 수만 13명이 발생한 데다가 자동차도 1만 2,000대 정도 침수됐어. 이렇게 여름철의 강수량은 더욱 늘어나고, 겨울철 강수량은 점점 감소하고 있어. 비가 내릴 때도 여름 내내 오는 것이 아니라 폭우의 형태로 며칠 동안 집중적으로 내리고 그쳐.

그래서 누군가는 더 이상 장마라는 단어를 쓰지 말자고 해. 왜냐하면 장마철인 6월 중순에서 7월 중순까지 내리는 비의 양보다, 장마철이 아닌 시기에 내리는 비가 더 많기 때문이야. 더군다나 요즘은 아침에 집중호우가 내리고, 낮에는 햇빛이 뜨겁게 내리쬐는 날도 있어. 장마전선과 상관없이 비가 내리는 거야. 그래서 사람들은 이제 장마전선과 관련 있는 장마라는 단어 대신, 1년 중에 비가 계속 내린다는 의미로 '우기'라는 단어를 쓰자고도 해.

• 오늘 당장 실천해 보자! •

태풍 이름 짓는 법과 우리나라에 큰 피해를 준 태풍 조사하기

매년 7~10월에 찾아오는 태풍에는 각각의 이름이 있어. 과거에는 영어로 된 여자 이름으로 지어 '여자처럼' 온순해지길 빌었어. 그러다가 남녀 차별의 문제 때문에 1978년 이후로는 남자 이름과 여자 이름을 번갈아 사용했어.

이후 태풍의 영향을 주로 받는 아시아-태평양 지역의 국가들이 모여 영어로 된 이름 대신, 해당 국가의 고유 언어로 된 이름을 사용하기로 합의했어. 그래서 2000년부터는 아시아-태평양 지역의 14개 국가별로 태풍의 이름을 10개씩 제출한 후, 태풍의 발생 순서에 따라 제출된 140개 태풍의 이름을 순서대로 사용하기 시작했어. 그리고 140개를 모두 사용하고 나면 다시 1번부터 태풍 이름을 사용하는데, 전체 이름이 다 사용되려면 약 4~5년이 필요하대.

그런데 아주 큰 피해를 준 태풍의 이름은 다시 사용하지 않고 퇴출시켜 버린대. 그 대신 퇴출된 태풍 이름을 제출했던 국가가 새로운 이름을 제출한다고 해. 북한과 우리나라 모두 우리말로 된 태풍 이름을 제출했는데, 봉선화(2002년), 매미(2003년), 수달(2004년), 나비(2005년), 소나무(2013년), 무지개(2015년), 고니(2020년), 노루(2024년), 메기(2024년)와 같은 태풍은 막대한 피해를 주어 태풍의 이름 목록에서 제외되었어.[15, 16]

퇴출된 태풍 이름 중 므란티(2016년), 레끼마(2019년), 하기비스(2019년), 힌남노(2022년), 날개(2022년) 등은 우리나라에 큰 피해를 준 태풍들이야. 이렇게 퇴출된 태풍의 이름을 어떤 국가에서 제출했는지, 원래는 어떤 뜻인지, 그리고 어떤 새로운 이름으로 대체됐는지 한 번 조사해 보자.

숲은 온실기체를 잡아먹어!

나무와 숲은 다양한 일을 해

여기 나무 한 그루가 있어. 시간이 지나면 나무 옆에 다른 나무들이 생기고, 작은 풀도 자라게 되지. 이렇게 나무와 풀이 엉켜 살게 되면서 숲을 이루게 돼. 나무를 의미하는 한자 '수(樹)'와 '풀'이 합해진 '수풀'이 시간이 지남에 따라 자연스럽게 '숲'이 되었다고 해. 어떤 숲은 들에도 있고, 산에도 있어. 산에 있는 숲을 우리는 산림이라고 해.

우리 주변을 둘러싼 나무, 숲, 산림은 우리에게 많은 것을 아낌없이 주고 있어. 우선 나무는 공기 중에 있는 이산화탄소를 흡수하는 역할을 해. 나뭇잎의 세포 안에는 녹색 알갱이처럼 생긴 엽록체가 있어. 엽록체는 뿌리에서 흡수한 물(H_2O)과 나뭇잎에서 흡수한 이산화탄소(CO_2)를 가지고 **포도당**을 만들어. 이때 산소(O_2)도 함께 만들어져. 이렇게 나무가 이산화탄소를 흡수해서 포도당과 산소를 만드는 과정을 광합성이라고 해. 나무와 숲은 말하자면 광합성을 통해 산소를 만들어 내는 '산소 공장'이야. 공기 중의 이산화탄소를 제거하여 지구온난화와 기후변화를 막는 중요한 역할을 하는 거야.

> **포도당** (葡萄糖)
> 과일 등에서 단맛을 내는 당류로, 물에 잘 녹는 성질이 있어.

나무가 이산화탄소를 흡수하고 산소를 내뿜는 광합성을 하기 위해서는 에너지가 필요한데, 그때 나무가 이용하는 에너지가 태양에너지야. 태양에너지는 투명해서 눈에 바로 보이지는 않지만, 실제로는 다양한 색을 가지고 있어. 햇빛이 프리즘을 통과하면 무지개색이 생기는 것을 관찰해 봤을 거야. 나무는 광합성을 할 때 7가지 무지개색 중에서 붉은색과 푸른색 빛을 이용해. 반면에 녹색은 이용하지 않고, 나뭇잎에서 반사가 돼. 그래서 우리 눈에는 식물이 녹색으로 보이는 거야.

숲은 거대한 '녹색 댐'의 역할도 해. 무슨 말이냐고? 등산을 가거나 숲 체험을 가보면 등산로를 따라 졸졸 흐르는 물을 볼 수 있어. 비도 오지 않는데 물은 어디서 오는 걸까? 숲은 비가 올 때 스펀지처럼 빗물을 가득 빨아들여서 저장할 수 있어. 뿌리와 흙 알갱이 사이에 무수한 구멍이 있어서 빗물을 가두어 둘 수 있기 때문이야. 그리고 흡수했던 빗물을 서서히 내보내는 거지. 우리나라의 숲이 저장할 수 있는 물의 양은 강원도 춘천에 있는 소양강댐 10개와 맞먹는 양인 180억 톤이라고 해.[17]

숲은 '재해방지센터' 역할도 해. 나무와 풀의 뿌리, 그리고 바닥에 떨어진 낙엽들은 흙을 끌어안아 흩어지지 않게 해. 비가 올 때 빗물에 흙이 씻겨 내려가는 것을 막는 거지. 그래서 숲이 있는 산은 산사태가 쉽게 발생하지 않아. 숲이 없는 산에 비해 흙이 씻겨 내려가지 않게 막는 능력이 227배나 높지.

그리고 숲은 방파제의 역할도 해. 서해안 바닷가에 가면 모래사장과 육지의 경계에 소나무 숲이 있어. 이들은 방풍림이라고 해서 육지로 부는 바람을 막기도 하고, 태풍이 올 때 바닷물이 육지로 넘어오지 못하게 해. 그리고 열대지역의 바닷가에는 **맹그로브**라는 뿌리가 긴 나무가 자라. 해안가에 쓰나미

맹그로브 (mangrove)
열대 또는 아열대의 바닷가 습한 땅에서 자라는 나무로 뿌리 일부가 물에 잠겨 있고, 일부는 공기 중에 노출되어 자라는 것이 특징이야.

가 올 때 맹그로브 나무는 쓰나미를 막아주는 방어막의 역할을 해. 맹그로브 나무가 잘 뿌리내리고 있을 때 맹그로브 숲은 쓰나미의 힘을 90퍼센트나 감소시킬 수 있어.[18]

**해안가에 폭풍이 일어났을 경우
맹그로브가 있는 곳과 없는 곳의 피해**

나무와 숲이 달라지고 있어

우리나라는 전체 면적의 63퍼센트가 산림이야. 산도 많고

숲도 많은 거지. 그래서 어디에 살든지 쉽게 산을 볼 수 있어. 그런데 시간이 지남에 따라 산림이 달라지고 있어.

첫째, 산림 면적이 줄어들고 있어. 2020년 기준으로 우리나라의 산림 면적은 630만 **헥타르**(ha)로, 서울특별시 면적(6만 헥타르)의 104배 정도 크기야. 그런데 과거에는 산림 면적이 이보다 넓었어. 서울특별시의 면적과 비교해 보면 1990년에는 107배, 2000년에는 106배, 2010년에는 105배, 2020년에는 앞에서 이야기했듯이 104배 정도였어. 10년마다 서울특별시 1개 정도의 산림이 줄어들고 있는 거야.

> **헥타르** (hectare)
> 넓이를 나타내는 단위로 기호는 ha이야.
> 크기는 10,000m²(가로 100m, 세로 100m)로, 1ha는 운동장 17개 정도의 크기야.

둘째, 산림이 늙어가고 있어. 사람은 어렸을 때 힘이 약하지만, 어른이 되어가면서 점차 힘도 세지고 운동도 활발히 할 수가 있어. 그러다 할아버지, 할머니가 되어가면서 힘이 약해지지. 나무도 마찬가지야. 나무도 묘목일 때는 이산화탄소를 저장하는 능력이 작지만, 나무의 나이가 20년이 되면 그 능력이 가장 커지게 돼. 그리고 나무가 늙어갈수록 서서히 이산화탄소를 흡수하는 능력이 줄어들어.[19] 우리나라의 산림 중에서 이산화탄소를 제일 많이 흡수할 수 있는 20~30년 된 나무의 비율이 3퍼센트밖에 안 된다고 해. 반면에 이산화탄소를 흡수하는 능력이 적은 40년 이상 된 나무가 77퍼센트나 된대. 산림이 늙어가면서 산소 생산 공장의 기능이 점차 떨어지고 있는 거야.

셋째, 산림의 구성이 바뀌고 있어. 소나무와 같이 잎이 뾰족한 나무를 침엽수라고 하고, 단풍나무나 벚나무처럼 잎이 넓은 나무를 활엽수라고 해. 침엽수와 활엽수는 잎 모양뿐만 아니라 나무의 성격도 다른데, 침엽수는 서늘하고 차가운 곳을 좋아하고, 활엽수는 따뜻한 곳을 좋아해. 그런데 지구온난화로 인해 과거에 서늘했던 지역이 점차 따뜻해지면서 침엽수가 살던 곳에 더 이상 침엽수가 살지 못하고, 그 자리에 활엽수가 자라고 있어. 1990년만 하더라도 전체 산림 중에서 침엽수가 차지하는 면적이 48퍼센트였는데, 2020년에는 37퍼센트로 줄었어. 반면에 활엽수가 차지하는 면적이 1990년에는 22퍼센트였는데, 2020년에는 32퍼센트로 10퍼센트나 늘었어.

산림은 이산화탄소를 흡수해서 산소를 만드는 중요한 역할을 해. 그리고 녹색 댐의 역할을 하면서 자연재해도 막아줘. 그런데 지구온난화로 산림이 변하고 있어. 산림의 면적이 줄어들고, 나이가 많은 나무가 늘어나고 있고, 침엽수에서 활엽수로 숲의 구성도 바뀌고 있어.

우리에게 많은 혜택을 주는 산림을 지키려면 어떻게 해야 할까? 식목일에 나무를 심고, 우리 주변에 있는 나무를 보호하고, 종이를 아껴야 해. 산림을 지키는 것은 결국에는 우리를 지키는 일이니까 말이야.

• 오늘 당장 실천해 보자!

동네 공원의 나무 그루터기를 보고 나무의 나이 추측하기

　나무를 베고 나면 남아 있는 밑동을 그루터기라고 해. 그루터기를 자세히 살펴보면 동그란 선이 촘촘히 그어져 있는 것을 볼 수 있어. 바로 나이테야. 우리나라는 온대 지역이라 사계절이 존재해. 나무는 여름철에 쑥쑥 자라고 겨울철에는 성장을 멈춰. 여름철에는 활발한 성장 속도로 인해 나무의 줄기가 두꺼워지면서 폭이 넓고 색이 연한 나이테가 만들어지고, 겨울철에는 성장이 멈추기에 폭이 좁고 색이 짙은 나이테가 만들어지지. 그래서 나무가 여름과 겨울을 보내고 나면 연한 색과 짙은 색의 나이테 1칸이 늘어나.

　동네 공원이나 놀이터를 지나다 보면 여러 가지 이유로 나무를 자른 흔적인 그루터기를 볼 수 있어. 그루터기의 나이테를 1칸, 2칸 세어보면 나무의 나이를 알 수 있지. 당연히 두꺼운 나무일수록 나이테도 많고, 나이도 많

겠지.

   과학자들은 나무의 나이테를 보고 과거의 기후도 추측할 수 있대. 나무의 나이테는 기후에 따라 두께가 달라진다고 해. 옅은 색의 나이테가 두꺼우면 그 해의 기후는 습하고 따뜻했다고 해. 그리고 짙은 색의 나이테가 두꺼우면 그 해의 기후는 건조하고 추웠다고 해.

   한번 공원에 나가서 그루터기의 나이테 개수를 세어 보고, 옅은 색과 짙은 색 나이테의 두께가 다른지도 살펴보자. 나이테를 통해 나무의 나이는 물론, 그 나무가 살면서 얼마나 따뜻하게 지냈는지도 알아볼 수 있어.

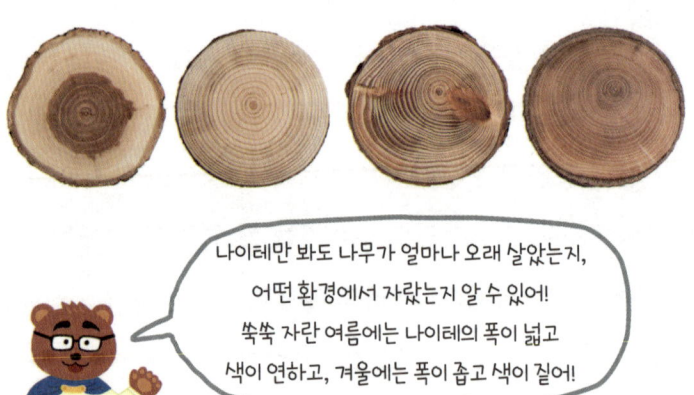

바닷속 친구들이 위험해!

갯벌은 왜 생길까?

갯벌은 육지에서 강을 따라 유입되는 흙들이 오랫동안 쌓여서 만들어져. 그런데 강이 있다고 해서 무조건 갯벌이 만들어지지는 않아. 바닷물은 하루에 2번씩 육지 쪽으로 들어왔다가 나갔다를 반복하는데 이를 밀물과 썰물이라고 해. 갯벌이 생기기 위해서는 첫째, 밀물로 바닷물이 들어왔을 때와 썰물로 바닷물이 나갔을 때의 해수면 높이의 차이가 커야 해. 이를 어려운 말이지만 '**조수간만의 차이**'라고 해. 조수간만의 차이가 클수록 강을 따라 유입되는 흙들이 쌓일 시간이 많아지겠지. 둘째, 갯벌은 조수간만의 차가 큰 상황에서 바닷가의 경사가 완만해야지만 퇴적물이

> **조수간만** (潮水干滿)
> 조수(밀물과 썰물)와 간만(간조와 만조)을 한번에 표시하는 말. 최대로 밀물이 들어올 때가 만조, 최대로 썰물이 빠질 때가 간조를 의미해.

쉽게 쌓일 수 있어. 오랜 시간이 지나면서 퇴적물이 천천히 쌓이기를 반복하면서 갯벌이 만들어지는 거지.

갯벌은 하루에 2번 밀물과 썰물에 따라 육지가 되기도 하고 바다가 되기도 하는 장소야. 그렇기에 육지에 사는 동물들이 살기도 하고 바다에 사는 생물들이 살기도 해. 그만큼 다양한 생물들이 살 수 있는 곳이 갯벌이야.

또한, 갯벌은 육지로부터 흘러온 물에 섞여 있는 오염물질을 정화하고, 유기물을 분해하는 기능을 해. 육지로부터 흘러들어온 물에는 나뭇잎, 음식물과 같은 다양한 물질들이 섞여 내려오는데, 이때 갯벌로 흘러들어온 물질들이 갯벌에 쌓이고, 갯벌에 있는 미생물들이 이 물질들을 분해하지.

미생물이 많다 보니 갯벌과 그 주변에는 물고기(어류)가 200여 종, 게와 조개 같은 갑각류가 250여 종, 낙지와 같은 연체동물이 200여 종, 지렁이 같은 생물이 100종 이상 살고 있다고 해. 이뿐만 아니라 이런 동물들을 먹이로 하는 새나 갯벌에서 사는

식물들까지 포함한다면 갯벌에는 엄청나게 많은 생물이 살고 있어.[20]

갯벌 속 친구들이 위험에 처해 있어!

갯벌에 조개가 많은 이유가 무엇일까? 갯벌에는 육지로부터 계속 영양분이 공급되기에 작은 미생물들의 먹이가 풍부해. 그래서 그 미생물을 먹고 사는 지렁이, 게와 조개 같은 갑각류, 그리고 조금 더 큰 물고기와 같은 어류, 낙지와 같은 연체동물이 살 수 있는 거야.[21]

그런데 기후변화로 게와 조개의 생명이 위험에 처해 있다고 해. 구체적인 이유는 2가지야. 하나는 지구온난화로 인한 해수면의 높이가 높아져 갯벌이 물에 많이 잠기기 때문이고, 다른 하나는 바닷물에 녹아 있는 이산화탄소 때문에 그래.

해수면 상승과 갯벌의 관계는 '녹아내리는 빙하와 바뀌는 해안선'(21쪽)에서 이야기했으니, 이번에는 바닷물에 녹아 있는 이산화탄소 이야기를 해볼게. 우리가 에너지를 사용하면서 계속 이산화탄소를 배출하기 때문에 시간이 갈수록 대기 중의 이산화탄소 농도는 높아지고 있어. 그런데 대기 중의 이산화탄소 일부는 물과 만나면 물속에 녹기도 해. 집에 어항이 있다면 쉽게 이해할 수 있을 거야. 어항을 보면 한쪽 구석에 공기 방울이 계속 나오게 만들어 놓은 장치가 있는 것을 볼 수 있어. 이 장치가 하는 역할은 어항 물속에 공기 방울을 계속 넣어서 산소를 물에 녹게 만드는 거야. 이렇게 물에 녹은 산소로 어항 속 물고기들이 호흡할 수 있게 되는 거지.

공기 중의 이산화탄소 양이 많아지면서 물속에 녹는 이산화탄소의 양도 계속 증가하면 어떤 문제가 발생할까? 바로 바닷물에 녹은 이산화탄소가 게, 조개와 새우의 껍질을 서서히 녹게 만들어. 콜라를 많이 먹으면 치아가 썩는다는 이야기는 많이 들어봤을 거야. 콜라에 들어 있는 이산화탄소가 치아를 녹이기 때문이야. 콜라 안에 있는 이산화탄소가 치아를 녹이듯이, 마찬가지로 바닷물 속의 이산화탄소가 조개, 게 그리고 새우의 껍질을 얇아지게 하거나 구멍을 만들어.

저 멀리에서도 변화가 발생하는 중

저 멀리 극지방에서도 변화가 생기고 있어. **크릴새우**라고 들어봤니? 남극의 추운 바다에 모여 사는 작은 새우야. 크릴새우도 새우의 한 종류이기 때문에 바닷물에 이산화탄소가 많아질수록 새우의 껍질이 점점 얇아질 수밖에 없어. 그리고 크릴새우는 자신보다 크기가 작은 **플랑크톤**을 먹이로 먹는데, 남극의 빙하가 감소하면서 플랑크톤이 숨어서 살 수 있는 곳도 적어지고 있어. 크릴새우는 껍질도 점점 얇아지고 있고, 먹이도 점점 사라지고 있는 거야.

크릴새우 (krill새우)
1~2cm 크기의 작은 새우야.

플랑크톤 (plankton)
물속에서 물결에 따라 떠다니는 작은 생물을 통틀어 이르는 말로, 많은 물속 생물들의 풍부한 먹이가 되어줘.

그런데 크릴새우는 극지방에 사는 흰긴수염고래, 바다사자, 그리고 펭귄의 먹이이기도 해. 크릴새우가 점점 사라진다면 어떻게 될까? 크릴새우를 먹이로 하는 바다 동물들의 전체 **먹이사슬**에도 영향을 주게 되지. 지구온난화와 기후변화가 극지방 생태계에 전반적으로

먹이사슬
생태계에서 먹이를 중심으로 사슬처럼 이어진 생물 간의 관계를 뜻해. 대표적인 먹이사슬로는 풀-메뚜기-개구리-뱀이 있어.

영향을 주게 되는 거야.

　기후변화가 계속 심해진다면 언젠가 조개, 게 그리고 새우를 먹지 못하는 때가 오게 될 거야. 부모님과 바닷가에 가서 바지락 칼국수를 먹거나, 캠핑 가서 조개나 새우를 구워 먹었거나, 그리고 자주는 못 먹지만 대게를 먹는 것도 미래의 언젠가는 불가능해질 것 같아.

• 오늘 당장 실천해 보자! •
갯벌이 어떻게 만들어지는지
이해해서 설명해 보기

　지금으로부터 8,000년 전에는 우리나라의 서해안과 중국 땅은 한 덩이로 연결된 육지였어. 그 당시에는 우리나라에서 중국까지 걸어서 갈 수 있었겠지. 그런데 빙하기가 끝나고 육지의 빙하가 녹으면서 점점 해수면이 높아졌어. 그러면서 넓은 벌판이었던 우리나라의 서해안과 중국 사이의 육지에 태평양 바닷물이 들어오기 시작했어. 그리고 시간이 흐르면서 육지의 빙하가 바다로 흘러 들어 가면서 서해가 만들어졌어.
　우리나라의 강은 대부분 서해안으로 흘러가. 그리고 강물을 따라 육지의 퇴적물들이 서해안으로 계속 유입돼. 그런데 서해안은 조수간만의 차이가 크고, 경사가 완만했어. 이러한 특성 때문에 육지의 퇴적물이 멀리 흩어지지 못하고, 오랜 시간 쌓이고 쌓여 서해안에 갯벌이 많이 만들어졌어.

　시간이 더욱 많이 흐르면 갯벌도 언젠가는 육지로 변한다고 해. 시간이 지나 육지의 퇴적물들이 갯벌 바닥보다 높은 언덕을 만들기 시작하면, 이곳에서 식물이 자라기 시작해. 처음에는 작은 풀들이 자라다가, 낮은 키의 나무도 자라고, 소나무와 같은 큰 키의 나무도 자라게 되면서 다시 육지가 되는 거야.

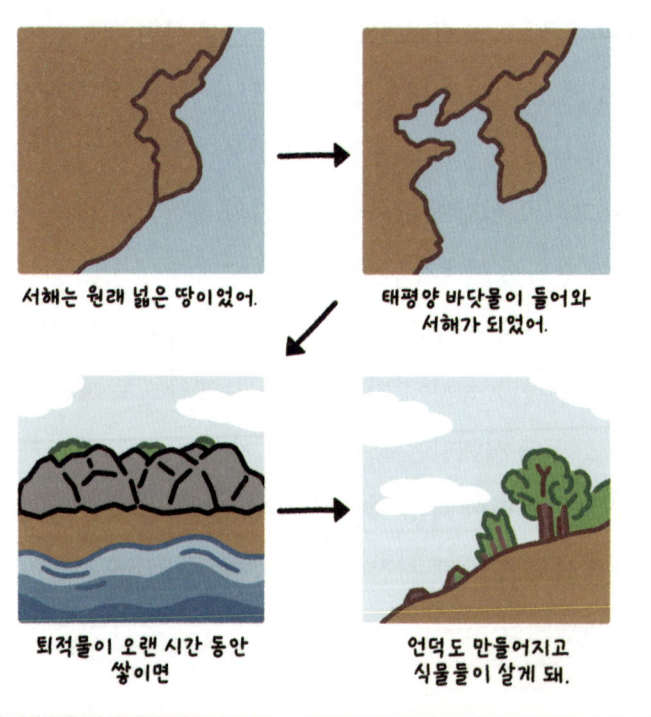

따뜻한 바다와 차가운 바다

바닷물은 움직이고 있어

우리나라는 삼면이 바다이고, 사계절이 있어. 그 덕분에 우리는 계절마다 다양한 해산물로 요리한 음식들을 다채롭게 먹을 수 있지. 이렇게 계절마다 해산물이 다양한 것은 **해류**의 영향이 커.

> **해류** (海流)
> 일정한 방향과 속도로 이동하는 바닷물의 흐름을 말해.

우리나라에 영향을 미치는 해류는 크게 2가지가 있어. 첫 번째로 따뜻한 바닷물인 **난류**가 있어. 우리나라 먼 남쪽으로부터 거대하고 따뜻한 바닷물이 올라오는데, 이 해류의 이름을 쿠로시오 난류라고 해. 쿠로시오 난류는 우리나라 남쪽에서 올라오다가 제주도를 만나 양쪽으로 갈라지게 돼. 서해안으로 가는 난류는 황해 난류, 동해안으로 가는 난류를 동한 난류라고 해. 두 번째로 차가운 바닷물인 **한류**가 있어. 이들은 우리나라 북쪽의 러시아와 일본에서부터 내려오는 차가운 바닷물인데, 우리나라 동해안에 영향을 주는 해류를 북한 한류라고 해.

> **난류** (暖流)
> 적도 부근의 위도가 낮은 지역에서 위도가 높은 지역으로 흐르는 따뜻한 해류를 말해.

> **한류** (寒流)
> 위도가 높은 지역에서 위도가 낮은 지역으로 흐르는 차가운 해류를 말해.

동해안은 여름철이면 따뜻한 바닷물인 동한 난류의 흐름이 강해져. 강해진 동한 난류를 타고 여름철이면 따뜻한 바닷물에 사는 물고기(난류성 어종)가 우리나라 남쪽 바다에서 동해안으로 올라와. 반대로 겨울철이면 차가운 바닷물인 북한 한류의 흐름이 강해져. 강해진 북한 한류를 타고 겨울철이면 차가운 바닷물에 사는 물고기(한류성 어종)가 우리나라 북쪽 바다에서 동해안으로 내려와. 계절에 따라 물의 흐름이 바뀌는 덕분에 동해는 다양한 물고기가 살 수 있는 환경이 되는 거지.

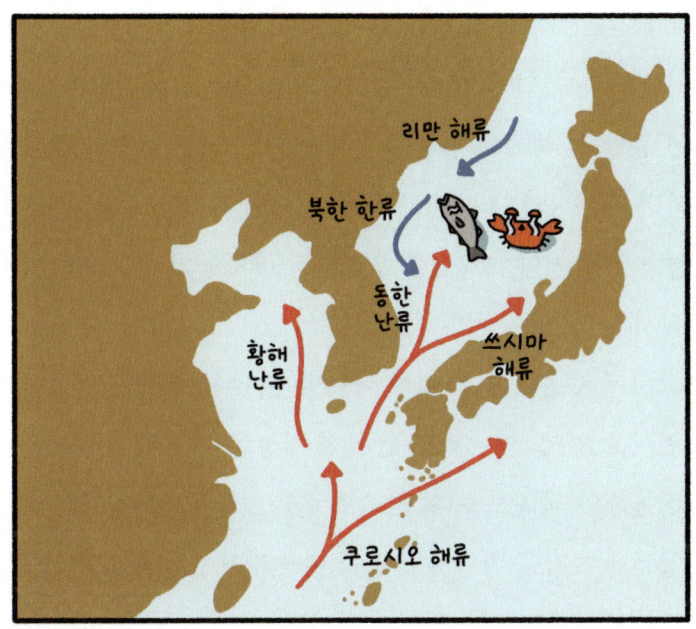

우리나라 주변을 흐르는 해류

바닷물이 따뜻해지고 있어

그런데 우리나라 바다가 변하고 있어. 국립수산과학원은 우리나라 동해, 남해, 서해의 해수 표면 온도를 측정하고 있어.22 1968년 우리나라 바닷물의 평균 수온은 16.1도였어. 그런데 바닷물 온도가 계속 올라가서 2020년 우리나라 바닷물의 평균 수온은 17.4도로 지난 52년(1968~2020년) 동안 1.3도나 상승했지. 특히 동해는 52년 동안 수온이 1.9도 정도 상승했다고 해. 지난 52년 동안 전 세계의 평균 수온이 0.53도 정도 상승한 것과 비교하면 우리나라의 평균 수온은 전 세계의 평균수온보다 2배 이상 높아진 거야.[23] 그만큼 우리나라 바닷물의 온도 변화가 심한 거지.

그런데 수온만 변한 것이 아니야. 바닷물에 사는 생물들 역시 변하고 있어. 왜냐하면 난류성 어종은 따뜻해진 바닷물을 따라 동해안 북쪽으로 더 깊숙이 올라갈 것이고, 한류성 어종은 예전에 차가운 바다였던 곳이 따뜻해져서 과거보다 남쪽으로 많이 내려오지 못할 테니까 말이야.

해수 온도 상승에 따라 서식지가 변한 대표적인 생물은 바로 명태야.[24] 명태는 우리나라 동해안에서 잘 잡혔던 한류성 어종이야. 명태는 바로 잡은 상태일 때를 '생태', 얼리면 '동태', 바싹 말리면 '북어', 새끼 명태를 말리면 '노가리'라고 해. 한겨울 바닷바람에 얼고 녹기를 20번 이상 반복하면 '황태', 생태의 내장을 제거한 후에 반건조시키면 '코다리'라고 해. 이렇게 명태는 다양한 방식으로 요리해서 먹을 수 있는 생선이야.

그런데 해수 온도가 상승하면서 동해에서는 더 이상 명태가 잡히고 있지 않아. 동해의 바닷물이 따뜻해져서 이젠 명태가 더 이상 동해로 내려오지 않고, 바닷물이 차가운 북한과 러시아 앞바다에서만 산다고 해. 그래서 1981년만 해도 한 해 동안 동해에서 명태가 18만 톤 정도 잡혔었는데, 2010년에는 1톤, 2020년에는 1톤도 안 잡혔다고 해. 그래서 정부에서는 명태를 인공적으로 길러 바닷물에 명태 **치어**를 **방류**하기 위해 살아 있는 어른 명태 한 마리당 50만 원의 사례금을 걸었던 적도 있어.[25] 명태의 수정란을 얻어야 했거든. 2015년 이후로 정부에서는 8년 동안 명태 치어를 183만 마리 정도 동해에 방류했는데, 우리나라에서 다시 잡힌 건 17마리뿐이래.[26] 명태의 치어를 방류했지만, 결과적으로 우리나라 동해에서 명태는 사라지게 된 거지.

> **치어** (稚魚)
> 알에서 깬 지 얼마 안 되는 어린 물고기를 말해.

> **방류** (放流)
> 물고기를 기르기 위하여 어린 새끼 고기를 물에 놓아주는 일이야.

동해에서 사라지는 생물이 또 있어. 바로 대게야. 대게는 다리의 마디가 대나무(竹)처럼 생겼다고 해서 대게라고 부른다고 해. 대게는 경상북도 영덕군이 유명해서 '영덕대게'라고 불리고 있어. 그런데 영덕대게도 사라지고 있어. 영덕대게는 차가운 바닷물을 좋아하는 한류성 생물인데, 동해가 너무 따뜻해져서 더 이상 살 수 없는 거지. 2000년에는 대게가 1년에 780톤 정도 잡혔는데, 2022년에는 552톤밖에 잡히지 않았어. 그래서 2023년 초에 열린 영덕대게 축제에서 팔린 대게의 70~80퍼센트는 국내산이 아닌 러시아산을 수입해 온 것이었다고 해. 기후변화로 인해 지역 특산물마저 변하고 있는 거야.[27]

명태나 대게처럼 사라지는 생물이 있는가 하면, 따뜻한 바닷물을 좋아하는 난류성 생물은 더욱 많이 잡힌다고 해. 기존에 한류성 생물이 살던 곳에 난류성 생물이 살게 된 거야. 대표적인 어류로는 멸치와 오징어가 있어. 멸치와 오징어는 이젠 서해와 동해 전역에서 살고 있어. 그리고 갈치와 고등어도 서식지가 계속 북쪽으로 올라오고 있어. 멸치는 1981년에 전국적으로 18만 톤 정도 잡혔는데, 현재는 어획량이 22만 톤 정도까지 늘어났다고 해.

남해는 기존에도 서해나 동해보다는 따뜻한 바다였는데 이제는 더욱 따뜻해져서 우리에게 익숙하지 않은 새로운 생물들이 살고 있어. 제주도 근처 바다에서 정착해 살고 있는 아열대 어류가 해마다 늘어나고 있는 게 그 증거지. 쥐돔, 철갑둥어, 청줄돔, 금강바리, 두줄촉수, 노랑거북복 등 이름도 낯설고 색깔도 화려한 물고기들이야. 빛단풍돌산호와 같은 새로운 산호초도 자라고 있고, 심지어 복어보다 독이 무려 1,000배나 강한 독을 가진 파란고리문어도 우리나라 바다에서 발견된다고 해.[28]

이렇게 바다는 지구온난화와 기후변화로 급격하게 변하고 있어. 육지의 나무와 풀의 변화, 우리가 느끼는 온도와 습도의 변화와 달리 우리와 가까이 있지 않아서 변화가 없는 것처럼 보일 뿐이야. 하지만 바닷물 수온 변화는 바로 우리의 식재료의 변화로 느낄 수 있게 될 거야. 국내산 해산물은 점차 사라지고, 그 자리에는 수입한 수산물로 만든 요리나, 아예 새로운 해산물로 만든 요리가 차려지겠지.

2014년 시작한 명태 살리기 프로젝트는 양식장에서 키운 치어(어린 명태)를 동해에 풀어줘서 어미 명태로 잘 자란 뒤 다시 알을 낳게 하는 프로젝트였어. 안타깝게도 2020년까지 173만 마리를 풀어줬지만, 살아있는 것이 확인된 명태는 17마리에 불과해.

• 오늘 당장 실천해 보자! •

해류의 대순환 지도를 보고
지역별 기후 추측해 보기

　지구 표면의 70퍼센트를 덮고 있는 바다는 많은 에너지와 온실기체를 품고 있어. 이를 통해 지구의 온도를 조절하는 역할을 해. 그런데 바닷물은 가만히 멈춰 있는 것이 아니라 지구를 크게 돌면서 여행을 해. 바닷물이 지구를 크게 돈다고 해서 이를 '해류의 대순환'이라고 해.

　바닷물은 표층수(위쪽)와 심층수(아래쪽)로 구분할 수 있어. 표층수는 주로 바다 표면에서 부는 바람에 의해 움직이고, 심층수는 바닷물의 염분에 의한 물의 밀도차로 움직인다고 해. 상대적으로 소금이 많아 무거운 바닷물은 밑으로 가라앉고, 상대적으로 소금이 적은 가벼운 바닷물은 위로 뜨는 원리야.

　그림을 보면 이해가 좀 쉬울 거야. 멕시코 동쪽 적도 부근에서 따뜻해진 표층수는 바람을 타고 서유럽 쪽으로 올라가. 그리고 얼음으로 뒤덮인 땅인 차가운 그린란

해류의 대순환

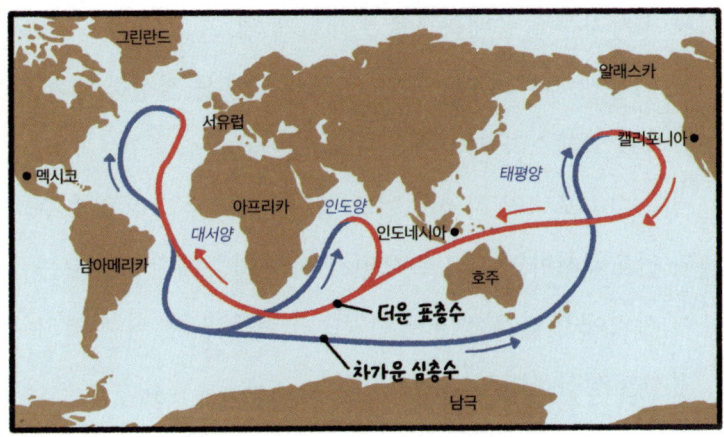

드를 만난 뒤 서서히 얼게 돼. 바닷물은 얼음이 될 때 소금은 바다에 그대로 두고 물만 얼게 되는데, 그러면 물을 얼음에 뺏기어 상대적으로 소금이 많은 무거운 바닷물이 되어 가라앉게 돼.

따뜻한 표층수 덕분에 서유럽과 그린란드는 우리나라보다 위도는 높으나 상대적으로 덜 추운 날씨를 가지게 돼. 반대로 그린란드 주변에서 무거워진 차가운 심층수는 아프리카와 남아메리카 사이를 지나 남극까지 내려

오게 돼. 결과적으로 남극 주변은 차가운 심층수로 둘러싸여 차가운 얼음대륙으로 존재하게 돼.

 이렇게 해류의 대순환은 지역의 기후를 결정하게 돼. 그러면 알래스카 지역에서 떠오르는 더운 심층수는 미국 서쪽 캘리포니아 지역에 어떤 영향을 줄까? 그리고 호주와 인도네시아 지역으로 오면서 더욱 따뜻해진 표층수는 이 지역에 어떤 영향을 줄까? 한번 추측해 봐. 이 지역의 기후를 상상하면서 말이야.

감자가 사라진다면?

감자의 기원

감자는 남아메리카의 페루(Peru)와 볼리비아(Bolivia) 지역에 사는 잉카인에 의해 무려 1만 년 전부터 재배되기 시작했어. 그만큼 감자는 인간에게 오래전부터 사랑받던 식량이야. 잉카인들은 수확한 감자를 굽고 으깨고 다양한 방법으로 조리했어. 대표적인 감자요리가 추뇨(Chuno)라는 요리야. 잉카인들은 과거부터 높은 고도에서 차가운 밤에 감자를 얼게 한 뒤, 낮에는 발로 밟아 감자 속 수분을 짜내고 햇빛에 말리기를 여러 번 반복했어. 이렇게 수분을 빼서 만든 추뇨는 무려 20년까지도 저장이 가능하다고 해. 언제 닥칠지 모를 식량 위기에 대비했던 잉카인들의 생활 방식이었던 거야.

1492년 콜럼버스(Christopher Columbus)가 **신대륙**을 발견한 이후 1560년경부터 고향으로 돌아가는 선원들이 배에서 먹을 식량으로 감자를 사용하면서 스페인과 영국, 이탈리아, 독일 등의 유럽으로 퍼지기 시작했대. 그때 먹고 남은 감자를 유럽인들이 땅에 심어 재배하기 시작했어.

> **신대륙** (新大陸)
> 콜럼버스가 발견한 북아메리카를 의미하며, 넓은 의미로는 남아메리카와 오스트레일리아 대륙을 포함해.

아일랜드 대기근

아일랜드 대기근(Ireland Great Famine)이라고 들어봤니? 아일랜드 대기근은 1800년대에 아일랜드의 역사를 바꾸어 놓은 사건으로 3가지의 슬픈 우연이 겹쳐 발생했어. 감자는 1600년대 이후 유럽에서

> **아일랜드** (Ireland)
> 유럽 영국의 서쪽에 있는 인구 499만 명의 작은 나라. 우리나라보다 위도가 높아 날씨가 서늘해.

본격적으로 재배되었는데, 재배 초기에 유럽의 상류층은 낯선 농작물인 감자를 먹지 않았어. 그러다 보니 감자는 가난한 노동자, 농민들이 주로 먹기 시작했지. 하지만 시간이 지나면서 차츰 감자는 계층과 상관없이 유럽인들의 주요한 식재료가 되었어.

아일랜드는 평균기온이 낮아 현대적인 농사 기술이 없을 때는 식량이 제대로 생산되지 않던 지역이야. 그런데 페루와 볼리비아처럼 기온이 낮은 산지에서도 잘 자라는 감자는 기온이 낮은 아일랜드에서도 잘 자랄 수 있었지. 그래서 신대륙에서 유럽으로 전파된 감자는 아일랜드인들의 주된 식량이 되었어. 1900년대까지 아일랜드가 영국의 식민지였던 탓에 감자 이외에 생산된 다른 식량들을 영국에 많이 빼앗겼어. 그렇기에 아일랜드인들은 영국이 빼앗아 가지 않은 감자에 의지해 생활할 수밖에 없었지. 먹을 수 있는 식량이 감자밖에 없었기에 가난한 농부들의 50퍼센트가 생존을 위해 감자에 의존하게 되었다고 해. 이것이 첫 번째 슬픈 우연이야.

1842년 미국 동쪽의 감자농장에서 감자 **역병**이 시작되었는데, 이 역병은 순식간에 미국 북쪽까지 퍼지

> **역병** (疫病)
> 역병균이 공기를 타고 전염되어 농작물 사이에 생기는 유행병을 말해.

게 되었어. 감자가 감자역병에 걸리면 감자의 줄기와 잎이 상하고 땅속의 **덩이줄기**가 썩게 돼. 이후 감자역병은 미국에서 유럽으로 이동하는 선원들을 통해 유럽으로 퍼지게 되었어. 감자역병균은 온도 10도 이상, 습도 75퍼센트 이상의 조건에서 쉽게 퍼진다고 해. 1845년 여름 아일랜드는 유난히 비가 잦았던 탓에 감자역병이 돌기에 최적의 조건이 되었지. 이것이 두 번째 슬픈 우연이야.

> **덩이줄기**
> 땅속에 있는 식물의 줄기 끝이 양분을 저장하느라 크고 뚱뚱해진 것을 말해. 감자가 대표적이야.

페루에는 감자의 품종이 2,500종이 넘는다고 해. 반면, 아일랜드인들이 농사를 짓는 감자의 품종은 두 가지(**문헌**에 따라서는 한 품종)뿐이었다고 해. 하필이면 이 품종이 1845년에 돌기 시작한 감자역병에 극도로 취약한 품종이었어. 이것이 세 번째 슬픈 우연이야.

> **문헌** (文獻)
> 옛날의 제도나 문물을 아는 데 증거가 되는 자료나 기록을 말해.

이러한 세 번의 슬픈 우연이 겹치게 되어 아일랜드의 모든 감자가 감자역병에 시달리게 되었어. 그 결과는 처참했어. 아일랜드는 식량 부족으로 인해 1845년부터 1852년까지 7년 동안 전체 인구의 13퍼센트에 해당하는 100만 명 이상이 굶어 죽었다고 해. 또한 이 사건으로 많은 아일랜드인이 **고국**을 뒤로한

채 미국, 캐나다, 뉴질랜드, 오스트레일리아 등으로 이민 길에 올랐어. 이때 줄어든 아일랜드의 인구는 현재까지도 회복되지 못했어.

고국 (故國)
자신의 조상 때부터 살던 나라를 뜻해.

아일랜드 더블린 카운티에 있는 대기근 조형물

이미지 출처: 셔터스톡

1840년대 850만 명이던 아일랜드 인구는 대기근 이후 600만 명까지 줄어들었대. 오늘날에도 많은 아일랜드인들이 대기근을 기억하며 슬퍼한다고 해.

감자의 종말

감자는 서늘하고 약간 건조한 기후에서 잘 자라는 식물이야. 그러나 지구온난화에 따라 점차 날씨가 따뜻해지면서 감자가 잘 자라기에 적합한 땅도 사라지고 있어. 감자의 원산지인 페루에서는 감자 농사를 지을 수 있는 고도가 점차 높아지고 있다고 해. 감자 농사를 지을 수 있는 재배지가 고도가 낮은 지역에서 고도가 높은 지역으로 해마다 10~15미터씩 꾸준히 높아지고 있는 거지. 예전에는 고도 3,500~3,700미터에서 기를 수 있었던 감자를 이제는 더 높은 고도인 4,500미터 이상에서만 기를 수 있다고 해.

또한, 기온이 상승함에 따라 감자 잎의 광합성 능력도 떨어지고 줄기가 생성되지 않는 현상 등이 발생해 감자의 품질 역시 나빠지고 있대. 페루 수도 리마(Lima)에 있는 국제감자센터(CIP, International Potato Center)의 연구 결과에 따르면 지구의 기후 위기가 계속될 경우 감자의 수확량이 현재와 비교했을 때 2060년까지 32퍼센트 감소할 것으로 예측된대.[29] 이러한 기후 변화가 지속된다면 언젠가는 감자를 보기 어려워질 수밖에 없어.

앞에서 이야기했듯이 페루에만 감자의 종류가 2,500종이 넘을 정도로 감자의 종류는 다양해. 감자의 종류가 많으면 새로운 질병이 나타나도 살아남는 종이 있을 것이고, 따뜻한 기온을 버틸 수 있는 종도 있을 거야. 그렇기에 지구온난화가 발생하더라도 다양한 종류의 감자가 있는 것이 중요해. 우리는 그 이유를 아일랜드 대기근 사건을 통해 배울 수 있어.

오늘 당장 실천해 보자!
마트에서 친환경농산물과 못난이농산물 사보기

　마트에서 파는 과일과 채소의 포장지를 자세히 살펴보면 '친환경농산물' 인증 표시를 볼 수 있어. 친환경농산물이란 환경을 보전하면서도 사람들의 건강을 위해 인공적인 농약과 화학비료를 쓰지 않거나, 최소로 쓴 농산물을 이야기 해. 친환경농산물 인증은 정부가 직접 관리하는 인증이라 믿을 수 있지.

　친환경농산물은 농약을 쓰는 일반 농산물과 달리 가격이 좀 비싸. 그래서 간혹 비싼 친환경농산물을 보호하기 위해 플라스틱으로 포장하거나 비닐봉지에 별도로 포장해서 팔기도 해. 환경과 사람들을 위한 농작물이기는 하지만 과도한 포장이 환경을 파괴하는 거지.

　'못난이농산물'이라는 것도 있어. 못난이농산물은 맛과 품질에는 큰 차이가 없지만 모양이 안 이쁘거나 약간의 흠집 등 외부의 문제로 상품성이 떨어지는 농산물을 이야기해. 고구마나 당근이 삐뚤빼뚤하게 생긴 모습을

생각해 보면 될 거야. 상품성이 떨어지기에 가격은 저렴하겠지. 그런데 상품성이 떨어진다는 이유로 폐기되는 농산물이 전 세계 식품 생산량의 3분의 1 정도나 된대.[30] 모양이 안 이쁘다는 이유로 그냥 버려지는 거야. 너무나도 아까워.

    마트에 부모님과 함께 간다면 친환경농산물 표시가 있는 농산물을 찾아보는 것은 어떨까? 그리고 못난이농산물이 있다면, 부모님께 되도록 못난이농산물을 사자고 해보는 거야! 소비자들이 친환경농산물과 못난이농산물을 구매해야 농부들도 친환경농산물을 생산할 것이고, 아깝게 버려지는 못난이농산물도 줄어들 거야. 우리 집 식탁에서부터 환경과 지구를 위한 행동을 실천해 보자.

친환경농산물 인증 표시

부모님과 장 보러 가서 친환경농산물 인증 표시를 찾아봐야지!

자꾸만 북쪽으로 올라가는 과일들

제철과일이 주는 즐거움

우리나라는 사계절이 있기에 계절마다 제철에 나는 다양한 과일을 맛볼 수 있어. 봄이 되면 우리가 가장 먼저 만나볼 수 있는 제철과일은 딸기야. 한 움큼 베어서 먹는 새빨간 딸기는 입 안에 봄이 왔음을 알려주지. 그리고 여름철이면 토마토, 수박, 포도, 복숭아, 참외와 같이 수분이 많은 과일을 맛볼 수 있어. 가을이면 단풍잎 빛깔의 단감, 사과, 배를 맛볼 수 있고, 겨울이면 귤이나 한라봉과 같은 과일을 먹을 수 있어.

그런데 기후변화가 심해짐에 따라 우리에게 익숙한 과일을 더 이상 먹지 못할 수도 있대. 그 대신 망고나 파파야 같은 열대과일을 먹게 될 거라고 해.

기후변화가 제철과일을 바꿔

앞서 얘기했듯이 산업혁명 이후 지난 100년간 전 세계의 평균기온이 1.1도 상승한 결과를 우리 주변에서도 쉽게 볼 수 있어. 바로 과일 재배지의 변화야.

1970~2015년 사이에 사과를 주로 재배했던 지역은 대구와 경상북도 영천시였대. 그런데 지금은 강원도 정선군과 영월군에서도 사과 재배가 이루어지고, 심지어 북한과 맞닿아 있는 강원도 양구군에서도 재배하기 시작했어.[31]

복숭아는 과거에 경상북도 청도군에서 많이 재배되었어. 하지만 지금은 충청북도 음성군과 충주시, 그리고 강원도 원주시와 춘천시로 재배되는 지역이 바뀌었어. 포도의 재배지는 경상북도 김천시에서 영동군으로 이동했고, 이제는 강원도 원주시에서도 포도를 재배할 수 있다고 해. 제주도의 특산물인 감귤은 이제 전라남도 고흥군과 경상남도 통영시와 진주시에서도 재배되고 있고, 심지어 경기도 이천시와 충청남도 천안시에서도 재배되고 있다고 해. 지구온난화의 영향으로 40년 사이 과일의 재배지가 점차 북쪽으로 이동한 거야.

최근에는 이상기후로 인한 제철과일의 피해도 많아지기 시작했어. 사과는 달아서 벌레에 잘 먹히고 작은 꼭지에 무거운 사과가 달려 있기 때문에 조그만 충격에도 쉽게 떨어져서 팔기 어려워질 때가 많대. 더군다나 2023년 4월에는 **냉해**가 발생하고 같은 해 여름에는 장마와 태풍 같은 이상기후가 일어나서 사과의 생산량이 전해에 비해 30퍼센트 이상 줄었다고 해. 이상기후는 이렇게 과일의 수확량에 영향을 주고, 결과적으로 부족해진 과일 생산량 때문에 마트에서 판매되는 과일 가격은 오르게 되어 있어.

> **냉해** (冷害)
> 이상 저온이나 일조량 부족으로 농작물이 자라는 도중에 입는 피해를 말해.

그래서 요즘에는 사과나 딸기를 간식으로 자주 먹지 못해. 학교나 집에서도 과일 가격이 너무 올라서 어쩔 수 없이 오렌지나 바나나 같은 수입산 과일을 주거나, 아니면 냉동 블루베리나 냉동 망고 같은 과일을 줄 수밖에 없는 거야.

주요 농작물의 생산지가 북쪽으로 이동하는 모습

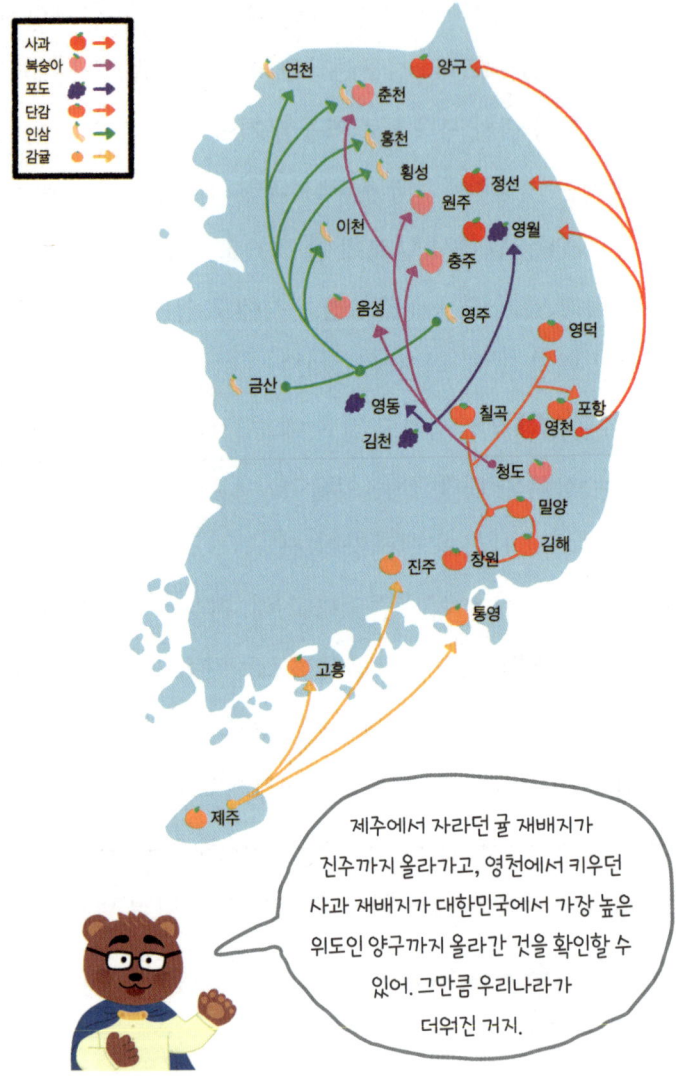

제주에서 자라던 귤 재배지가 진주까지 올라가고, 영천에서 키우던 사과 재배지가 대한민국에서 가장 높은 위도인 양구까지 올라간 것을 확인할 수 있어. 그만큼 우리나라가 더워진 거지.

열대과일이 이젠 익숙해질 것 같아

미래에는 이러한 모습이 더욱 심각해진다고 해.

지금은 감귤을 제주도 바닷가 지역에서 많이 재배하고 있는데 시간이 지나, 2060년이 되면 감귤을 전라남도와 경상남도 남해안 지역에서 많이 재배하게 될 거라고 해. 그리고 지구온난화로 현재보다 더 따뜻해질 제주에서는 한라산 중턱까지 올라가야만 감귤을 재배할 수 있게 돼.

반면에 지구온난화로 인해 우리나라에서 재배할 수 있는 열대과일이 늘어나고 있어. 대표적인 열대과일인 망고는 지금도 제주도나 전라남도와 경상남도 바닷가 지역에서 재배하고 있고, 충청남도 부여군에서도 재배하고 있대. 그리고 파파야는 경상남도에서 재배하고 있고, 패션프루트는 전라남도, 경상남도, 경상북도 그리고 경기도에서도 재배하고 있다고 해. 이뿐만 아니라 구아바, 파인애플, 아보카도, 심지어 용과까지도 우리나라 남쪽 지역을 중심으로 기르기 시작했어. 그만큼 우리나라의 남쪽이 따뜻해진 거지.[32]

이렇게 우리나라에서 열대과일은 전라남도와 경상남도를 중심으로 재배가 되고 있고, 점차 재배면적도 늘어나고 있어.

열대과일이 생산되기 시작했어!

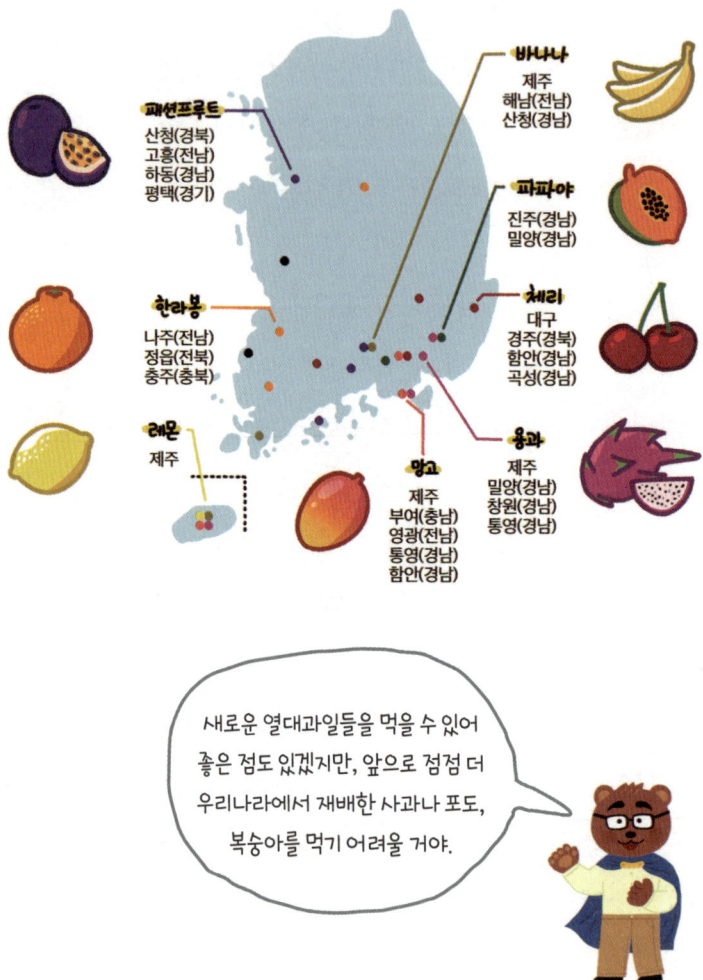

> 새로운 열대과일들을 먹을 수 있어 좋은 점도 있겠지만, 앞으로 점점 더 우리나라에서 재배한 사과나 포도, 복숭아를 먹기 어려울 거야.

재배면적만 해도 104헥타르로 초등학교 운동장 1,700개 정도의 넓은 면적이라고 해. 시간이 흘러갈수록 열대과일을 재배하는 면적은 점차 늘어날 수밖에 없겠지? 이제 더 이상 사과, 포도, 복숭아는 우리나라에서 자라기 힘들 거야. 그 대신 망고, 아보카도, 파파야와 같은 과일들에 익숙해져야겠지. 참 아쉬운 일이야.

오늘 당장 실천해 보자!
제철 과일로 팥빙수 만들어 보기

팥빙수를 얼음 분쇄기 없이 집에서 간단하게 만드는 방법이 있어. 주방에서 밀봉이 가능한 지퍼백을 찾아 우유를 얼려. 우유를 꽝꽝 얼려야 하니 하루 정도 미리 준비해 놓는 것이 좋아. 다음 날 냉동실에서 언 우유를 꺼내서 살짝 녹여. 그리고 소리가 나지 않게 수건 위에다가 얼린 우유 주머니를 올려놓고 열심히 으깨면 돼.

잘게 부순 우유 얼음을 그릇에 부은 후 준비한 팥, 떡, 과일과 후르츠 칵테일 통조림을 넣고, 연유도 넣어. 계절이 봄이라면 딸기를 넣어보고, 여름이라면 복숭아나 수박 같은 제철과일을 넣어보는 거야. 가을이나 겨울이라면 단감, 사과, 귤 같은 과일을 넣어도 좋아. 마지막으로 상큼한 딸기시럽도 뿌려주면 더욱 맛있어지지.

미래에는 팥빙수에 사과와 복숭아와 같은 익숙한 제철과일을 넣을 수가 없게 된다니 너무나 아쉬워. 팥빙수에 파파야와 같은 낯선 열대과일을 넣게 되겠지. 아쉽지

만 어쩔 수 없기도 해. 미래에 사라질지 모를 제철과일에 대한 아쉬움은 남지만, 기후변화에 따른 변화에 우리도 적응해야 할 거야.

제철 과일로 팥빙수를 만들어 보자!

이상기후를 피할 곳은 어디에도 없어

기후가 이상해지고 있어

 겨울철이면 다른 계절과 달리 아침에 일어나는 게 너무 힘들어. 그 이유는 뭘까? 겨울철에는 수면의 양(시간)과 질(숙면)에 영향을 주는 호르몬, 일조량, 실내외 온도가 다른 계절과 다르다고 해. **멜라토닌**이라고 불리는 호르몬은 밤에 분비되는데, 겨울철에는 밤이 낮보다 길기에 멜라토닌의 분비 시간도 길어진다고 해. 겨울

> **멜라토닌 (melatonin)**
> 밤에 훨씬 많이 생성되어 잠을 유도하는 것으로 알려진 호르몬으로 우리 몸의 시계 역할을 하는 성분이야.

철에는 해가 상대적으로 늦게 뜨기 때문에 몸은 멜라토닌을 계속 분비하는데, 계절과 상관없이 학교 가는 시간에 맞춰 일어나야 하니까 겨울이면 유독 일어나기 힘들어지는 거지.[33]

지구도 마찬가지야. 지구의 자전축이 기울어진 상태라 자연스럽게 위도에 따라 일조량이 달라지고, 지구가 태양을 공전하기에 중위도 지역에 사는 우리는 자연스럽게 사계절을 느끼면서 살고 있어. 우리 몸도 자연스럽게 호르몬의 배출 시간을 달리하면서 적응하게 된 거지.

하지만 아주 오랜 시간 동안 자연스러웠던 무언가가 이상해지고 있어. 바로 지구온난화로 인해 기후가 이상해지고 있는 거지. 기온이 너무 높은 폭염과 비가 한 번에 많이 쏟아지는 폭우, 눈이 한 번에 많이 내리는 폭설, 그리고 아예 비가 오지 않아 땅, 호수, 강이 말라버리는 가뭄과 같은 이상기후가 더욱 자주, 강하게 발생하고 있어.

지구의 모든 곳이 위험해

우선 폭염을 살펴볼게. 지난 2023년에는 미국 캘리포니아주 데스 밸리 사막 지역의 여름 기온이 53도를 넘어섰고, 중국 서쪽의 신장위구르 지역은 최고기온이 52.2도까지 올라갔다고 해. 유럽의 지중해 주변의 최고기온이 45도를 넘어서는 일도 있었지.[34] 유럽은 2022년에도 폭염이 발생했는데, 이때 폭염으로 6만 1,000명 정도가 사망했다는 조사 결과도 있어.[35] 너무 더워서 인간이 죽을 수도 있는 시대가 온 거야. 이러한 상황을 반영하듯 2023년에 유엔 사무총장 안토니우 구테흐스(António Guterres)는 "지구온난화(global warming) 시대가 끝나고 지구열대화(global boiling)의 시대가 시작됐다"[36]고 이야기했어. 이젠 점점 따뜻해지는 온난화가 아닌, 끓기 시작한 열대화가 시작된 거야.

유럽에는 폭염뿐 아니라 심각한 가뭄도 발생했어. 지난 2022년 독일의 라인강 바닥에는 가뭄에만 볼 수 있다는 '헝거스톤(hunger stone)'이 모습을 드러냈어. 헝거스톤은 '배고픔의 돌', '슬픔의 돌'로 불리는데, 극심한 가뭄이 발생했을 때 나타나는 돌이야. 가장 유명한 헝거스톤은 독일과 체코 사이를 흐르는 엘베(Elbe)강에 있다고 하는데, 이 헝거스톤에는 "나를 보면 울어라"라고 쓰여 있다고 해. 그리고 스페인 발데카나스(Valdecanas) 저수지에서는 7,000년 전에 만들어진 스톤헨지가 모습을 드러냈어. 높이가 최대 1.8미터에 달하는 돌 150여 개로 만들어진 '과달페랄의 고인돌'이라고 하는 스톤헨지의 모습이 가뭄으로 드러난 거야. 원래 이 스톤헨지는 1963년까지 지상에 있었는데, 저수지를 만들면서 물속에 묻혔다고 해. 그런데 2022년 유럽에서 발생한 가뭄으로 저수지가 말라 스톤헨지가 모습을 드러낸 거지.[37]

반대로 이상기후로 인해 기온이 급격히 낮아진 지역도 존재해. 지난 2021년 1월, 중동의 더운 나라 사우디아라비아 남서부의 아시르(Asser) 지역은 50년 만에 기온이 영하 2도까지 떨어지고 눈이 내렸어. 평소에 눈이 내리지 않는 지역에 눈이 내리니 사람들은 신기했겠지. 사람들은 낙타가 춥지 말라고 담요를 덮어주기도 했다고 해. 그리고 알제리 사막 마을 아인세프라(Ain Sefra)에서도 기온이 영하 3도까지 떨어진 상태에서 눈보라가 휘날리기도 했고, 2022년 12월에는 아열대기후인 대만의 기온이 영하 5~8도까지 떨어졌다고 해. 우리나라처럼 겨울에 추운 나라들은 난방 시설이 잘 갖추어져 있어서 어느 정도의 추위에는 견딜 수 있는데, 평소에 겨울 기온이 영상 10도 아래로 내려가는 일이 드문 대만 같은 나라는 갑작스러운 추위에 100명이나 되는 사람들이 사망했대.[38] 같은 시기 미국에서는 100년 만

헝거스톤

과달페랄의 고인돌

독일 라인강에서 발견된 헝거스톤에는 "나를 발견하면 울어라"라는 무시무시한 문구가 적혀 있어.

에 매서운 한파와 폭설이 내렸어. 같은 온도라도 바람이 불면 더 추운데, 시카고에서는 **체감온도**가 영하 50도까지 내려가고, 뉴욕은 영하 30도까지 떨어졌다고 해. 한파와 폭설로 인해 전기도 끊기고, 도로와 항공기도 모두 통제가 되었어. 미국에서 40명 정도가 사망했다고 해.[39]

> **체감온도** (體感溫度)
> 기온에 습도, 바람 등의 영향이 더해져 사람이 실제로 느끼는 더위나 추위를 나타낸 온도야.

2021년 7월에 독일과 벨기에에는 홍수가 발생했어. 독일 기상청은 이때 내린 비가 '1,000년 만의 폭우'라고 발표했는데, 그만큼 단기간에 엄청난 비가 내린 거야.[40] 2022년 유럽에서 발생한 홍수로 독일에서 174명, 벨기에에서 32명이 사망했어. 그리고 재산 피해만 7조 원 정도에 이르렀지. 2023년 네팔과 인접한 인도 동북부에는 오랫동안 비가 내렸어. 폭우가 발생하면 강에 있는 댐들이 어느 정도 물을 저장할 수가 있어. 그러나 비가 너무 많이 오면 댐이 무너질 수 있어서 댐에 가두어 뒀던 물을 방류하기도 한대. 문제는 너무 긴급하게 댐의 물을 방류하는 바람에 저지대의 여러 마을이 물에 잠기고 만 거야. 폭우로 인해 인도에서만 600명이 넘게 사망했고, 홍수로 집을 잃은 **이재민**만 10만 명이 넘게 발생했다고 해.[41]

최근 들어 폭염, 이상저온, 가뭄, 폭우, 홍수 같은 이상기후가 빈번하게 발생하고 있어. 몇 개 나라들의 사례들만 이야기했지만, 이상기후는 전 세계 국가들에 피해를 주고 있어. 우리나라도 최근 들어 여름철 집중호우로 많은 사람이 재산뿐만 아니라 생명까지 잃었어. 전 세계의 모든 지역에서 이상기후로 사람이 직접적인 피해를 보고 있는 거야. 이상기후를 피해 갈 수 있는 곳은 어디에도 없는 것이지. 기후가 이상해지는 상황에서 우린 무엇을 해야 할까?

> **이재민 (罹災民)**
> 태풍이나 홍수 등의 재해를 입은 사람을 말해.

• 오늘 당장 실천해 보자! •

서울기상관측소(국립기상박물관) 온라인 여행하기

　서울기상관측소는 1932년에 만들어진 건물로, 우리나라에서 기상 관측을 위해 제일 먼저 세워진 건물이야. 역사가 오래된 만큼 서울기상관측소 건물은 국가등록문화재 제585호로 등록되어 있기도 해. 서울기상관측소가 갖는 다른 의미는 서울에 내리는 첫눈의 기준이 되는 장소라는 것이야. 서울의 어딘가에 눈이 내리더라도 서울기상관측소에서 눈을 볼 수 있어야지만 서울에 내리는 첫눈으로 공식 기록이 돼.

　현재 서울기상관측소는 국립기상박물관으로도 쓰이고 있어. 국립기상박물관은 2층으로 이루어져 있고, 6개의 전시실이 있어. 전시실에는 삼국시대 이후부터 현재까지 기상 관측과 관련된 유물과 책들이 전시되어 있어. 제2전시실에는 서양보다 200여 년 앞서 발명된, 세계에서 현존하는 유일한 측우기인 '공주 충청감영 측우기(公州

忠淸監營 測雨器)'를 볼 수도 있어. 그리고 전시실 이외의 공간에서는 측우기나 박물관 모형 만들기 체험도 할 수 있으니, 주말에 가족들과 나들이 삼아 가보는 것도 좋을 것 같아.

   국립기상박물관이 너무 멀어 갈 수 없다면 인터넷을 이용해서 관람할 수 있어. 국립기상박물관 누리집에서는 전시장 외부와 내부 전시실을 VR(가상현실)로도 볼 수가 있어. 박물관에 전시된 기상과 관련된 유물뿐만 아니라, 유물에 대한 설명도 모두 VR을 통해 볼 수 있으니 꼭 한 번 체험해 보자!

이미지 출처: 국립기상박물관 누리집

생존을 위해 떠나는 사람들

제가 갈 곳은 어디인가요?

보트피플(boat people)이라고 들어봤니? 인종, 종교 등의 문제로 전쟁이 벌어지거나 괴롭힘을 당해서 배를 타고 다른 나라로 탈출한 사람들을 이야기해. 반대로 육지를 이용해서 다른 나라로 탈출한 사람들을 랜드피플(land people)이라고 하지. 육지를 이용하거나 바다를 이용하거나 모두 자유를 찾아서 자신들의 목숨을 걸고 도망친 사람들이야.

이렇게 자유를 찾아 목숨을 걸고 다른 나라로 탈출한 사람들을 **난민**이라고 해. 난민들은 탈출할 때 맨몸으로 왔기에 상대방 국가에서는 같은 인간으로서 마땅히 보호하는 차원에서 이들을 도와주려고 해. 최근에는 아프리카 대륙에서 일자리와 자유를 찾아 배를 타고 스페인, 프랑스, 이탈리아와 같은 유럽 국가로 바다를 건너는 난민의 숫자도 늘어나고 있어.

> **난민** (難民)
> 전쟁이나 재난을 당해서 곤경에 빠진 사람들을 말해.

그런데 기후변화로 인해 자신이 살던 지역에서 떠날 수밖에 없는 기후난민도 있어. 전 세계에 기후난민은 3,260만 명 정도가 있다고 해. 우리나라의 인구가 5,100만 명 정도이니, 우리나라 인구의 절반이 넘는 사람들이 기후난민이 된 거야.

이상기후로 인한 기후난민

기후난민은 이상기후 때문에 발생해. 기후변화가 심해짐에 따라 이상기후가 전 세계 곳곳에서 발생하고 있어. 그러면 이상기후는 어떻게 기후난민을 만드는 걸까? 집중호우와 홍수로 사는 곳이 물에 잠기거나, 가뭄이 발생해 더 이상 농사를 지을 수 없고, 식수조차 얻을 수 없게 되지. 그리고 대규모 산불이 일어나서 농사 짓는 땅과 사는 집이 불타는 등 갈수록 심해지는 자연재해는 더 이상 사람들을 고향에서 살 수 없게 만들어.

기후난민 중에서 홍수로 인해 발생한 난민은 1,900만 명 정도가 된다고 해.[42] 2022년 6월부터 9월까지 파키스탄에는 대홍수가 발생했어. 파키스탄과 같은 남아시아지역에는 우기인 6~9월에 비가 내리는 것은 자연스러운 일이야. 그런데 2022년에는 그 전 해보다 최대 5배나 많은 비가 내렸다고 해. 그리고 여름철 파키스탄 북쪽의 빙산에서 녹은 물까지 흘러 내렸어. 그 결과 파키스탄 국토의 3분의 1이 물에 잠겼고, 파키스탄에서만 820만 명의 기후난민이 발생했다고 해.[43] 이렇게 파키스탄에 많은 난민이 발생했는데, 파키스탄이 배출하는 온실기체의 양은 전 세계 온실기체 배출량의 0.6퍼센트밖에 안 돼. 파키스탄 사람들은 기후변화에 책임이 없지만, 피해를 집중적으로 보게 된 거야.

과학자들은 파키스탄에 집중호우가 발생한 원인을 기후변화 때문이라고 이야기해. 2022년 5월에 파키스탄의 자코바바드라는 도시는 기온이 51도를 넘었다고 해. 기온이 올라가면 물이 수증기의 형태로 증발해서 구름을 만들어. 폭염으로 인해

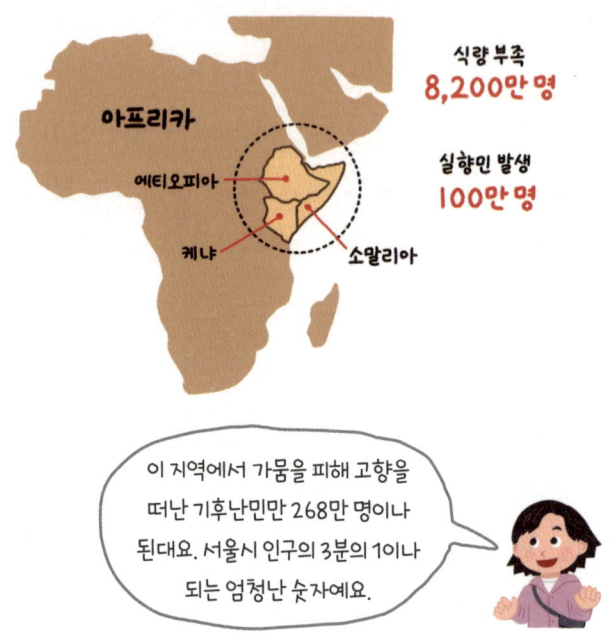

아프리카의 뿔을 덮친 가뭄

이 지역에서 가뭄을 피해 고향을 떠난 기후난민만 268만 명이나 된대요. 서울시 인구의 3분의 1이나 되는 엄청난 숫자예요.

평소보다 더욱 많아진 구름은 폭우가 되어 파키스탄에 홍수를 일으켰어. 이런 식으로 지구온난화가 이상기후를 만들고, 자연재해를 만드는 거야.

다른 한쪽에서는 가뭄으로 인한 기후난민도 발생했어. 아프리카 동북부 지역에는 코뿔소의 뿔처럼 뾰족하게 생긴 지역이 있어. 이 지역을 '아프리카의 뿔' 지역이라고 하는데, 소말리아,

에티오피아, 케냐와 같은 나라들이 있어. 그런데 아프리카의 뿔 지역에 6년 연속 장마철에 비가 거의 내리지 않았다고 해. 이번 가뭄은 40년 만에 찾아온 최악의 가뭄이라고 하는데, 이때 가뭄을 피해 고향을 떠난 기후난민이 소말리아에서 170만 명, 에티오피아에서 52만 명, 케냐에서 46만 명 등 총 268만 명 발생했대.[44]

아프리카의 뿔 지역은 지금보다 평균기온이 낮았던 산업혁명 이전과 비교했을 때 평균기온은 1.2도 정도 높아졌지만, 강수량은 큰 차이가 없다고 해. 문제는 3~5월에는 과거보다 더욱 건조해졌고, 10~12월에는 더욱 습해졌다는 거야. 내리는 비의 양은 변함이 없지만, 건조한 시기는 더 건조해졌고, 습한 시기는 더 습해진 거지. 강수량에 변화가 없더라도, 비가 내리는 시기가 달라졌고, 평균기온이 올라가 더 심각한 가뭄을 만들었다는 거야. 이상기후로 인해 과거보다 아프리카 뿔 지역의 가뭄 발생 확률은 100배 이상 높아졌다고 해.[45] 그런데 아프리카의 뿔 지역에 있는 소말리아, 에티오피아, 케냐의 온실기체 배출량을 합해도 전 세계 온실기체 배출량의 0.1퍼센트밖에 안 돼. 이들 역시도 기후변화에 책임은 없지만, 고스란히 피해를 보고 있는 거야.

소말리아에 살고 있는 여성과 어린이들이 물을 나르기 위해 줄을 선 모습이야.

해수면 상승으로 인한 기후난민

이상기후로 인해 한순간에 삶의 터전을 잃은 기후난민도 있지만, 서서히 삶의 터전을 잃어가는 기후난민도 있어. 기후변화로 인해 점차 해수면이 상승하는 지역에 있는 작은 섬나라들에 사는 사람들이야.

투발루는 바다 한가운데 위치한 작은 섬들이 모여 만들어진 국가인데, 국토 대부분이 평지라서 해수면이 상승하면 대부분의 땅이 물에 잠기게 돼. 2021년 투발루의 외교부 장관은 무릎까지 잠기는 바닷물에서 "물에 잠겨도 국가로 인정받나요?"라고 물으면서 선진국들을 상대로 기후변화를 막기 위한 행동에 적극적으로 나서달라고 연설했어. **국제사회**에서 국가로 인정받으려면 영토, 국민, 주권이 있어야 하는데 투발루는 해수면이 상승하는 바람에 자신의 의지와 상관없이 영토가 사라질 위기에 처했어. 그래서 더 이상 해수면이 상승하지 않도록 선진국들이 온실기체 배출을 줄이라고 강조한 거야.

> **국제사회** (國際社會)
> 지구의 여러 나라가 서로 교류하고 의존하면서 공동으로 살아나가는 사회를 말해.

투발루는 국토가 물에 잠기는 많은 국가 중 하나일 뿐, 태평양, 대서양, 인도양 주변에는 해수면 상승 위험에 처해 있는 나라들이 많이 있어. 남태평양에 존재하는 마셜제도(Republic of Marshall Islands), 키리바시(Republic of Kiribati), 피지(Fiji) 등 해수면 상승에 따라 미래에는 40여 개의 섬나라 국가가 사라질 것이라고 해.

국토를 잃어가는 주민들은 어디로 가야 할까? 다행히도 호주는 매년 투발루 국민 중 280명을 기후난민으로 받아주기로 했대. 투발루의 인구가 대략 1만 1,000명 정도 되는데, 매년 국민의 2.5퍼센트 정도가 안전한 곳으로 이동하는 거야.[46] 조상들부터 살던 고향을 떠나야 하지만, 그래도 안정적으로 살 수 있는 곳이 마련되었다니 다행이지.

  우리가 생각해 볼 문제가 또 있어. 기후변화 피해를 보는 국가들과 온실기체를 배출하는 국가들이 다르다는 점이야. 파키스탄과 아프리카의 뿔에 해당하는 국가들의 온실기체 배출량은 전 세계 온실기체 배출량의 0.1~0.6퍼센트밖에 안 돼. 특히 전 세계 온실기체 배출량에서 투발루가 차지하는 비율은 0.00002퍼센트밖에 되지 않지. 이들의 온실기체 배출량은 매우 적은 양이야. 온실기체 배출에 대한 책임은 없지만 온실기체로 인한 피해를 고스란히 보고 있는 거야. 온실기체 배출량이 많은 국가는 미국, 유럽, 대한민국 등 선진국이고, 그로 인해 피해를 보는 국가는 아프리카나 동남아시아, 그리고 섬나라 국가들이야. 얼마나 불공평한 일이야? 우리도 생각해 볼 문제야.

· 오늘 당장 실천해 보자! ·
기후난민을 위해 용돈을 모아 기부하기

　유엔아동기금 유니세프(UNICEF)는 2021년에 〈기후위기는 아동 권리의 위기〉라는 보고서를 발간했어. 이 보고서는 기후변화로 인한 폭염, 홍수, 가뭄 등과 같은 기후위험에 얼마나 많은 어린이가 노출되어 있는지 분석했어. 이 보고서에 따르면 전 세계 22억 명의 어린이 중에서 10억 명의 어린이가 심각한 이상기후에 노출되어 있다고 해.

　우리는 기후위험이 높지 않은 대한민국이라는 국가에 살고 있어서 잘 모르고 있지만, 아프리카나 동남아시아의 어린이들은 태어나면서부터 이상기후에 노출되고 있어. 이 지역의 어린이들은 온실기체 배출에 책임이 없는데도 불구하고 말이야. 이렇게 열악한 환경에서 자라는 아이들은 미래에 어른이 되어서도 건강이 좋지 않을 확률이 높다고 해. 어디에서 태어나는지에 따라 이미 운명이 결정된다니, 슬픈 일이기도 해.

이상기후로 인해 피해받고 있는 아이들을 도와보는 건 어떨까? 유엔난민기구(UNHCR), 유니세프, 세계자연기금(WWF)과 같은 국제단체에서는 기후난민을 위한 기부를 기다리고 있어. 이러한 단체의 누리집에 들어가면 기부를 쉽게 할 수 있어. 적은 돈이라도 우리의 용돈을 모아 기후변화로 인해 피해받고 있는 아이들을 도와보자!

이미지 출처: 투발루 국가 공식 페이스북 계정

투발루 외교부 장관의 유엔기후협약 연설 모습이야. 매년 투발루의 주민들이 호주로 기후이민을 떠나고 있어.

기후변화가 사람의 몸을 아프게 해

코로나19가 박쥐 때문이라고?

지난 몇 년 동안 전 세계는 코로나19라는 새로운 바이러스와 싸웠어. 지난 2019년부터 2023년까지 코로나19와 싸움하면서 우리는 어디에서건 마스크를 써야만 했어. 마스크를 쓰지 않는 생활이 일상적인 모습인데, 마스크를 쓰는 생활이 일상이 되어버린 기간이었지. 그동안 전 세계에서 코로나19에 걸린 확진자 수는 6억 9,000만 명이고, 사망자 수는 대략 690만 명이라고 해.[47] 우리나라에서도 정말 많은 사람이 코로나에 걸렸어. 모두들 코로나 시기에 학교에 가지 못하고 친구도 만나지 못했던 것 기억하고 있지?

그런데 코로나19도 기후변화가 관련이 있다고 해. 전 세계에 박쥐가 1,400여 종 정도 발견되는데, 대부분 열대지역에 산다고 해. 그런데 지구온난화와 기후변화로 온대지역의 기온이 올라가면서 박쥐가 **서식** 가능한 지역도 점차 북쪽으로 이동하고 있어. 과거에는 박쥐가 살 수 없었던 추운 지역이 더워지면서 열대지역에서 살던 박쥐가 살 수 있게 된 거야. 대표적인 지역이 중국 남쪽이라고 해. 과학자들의 연구 결과에 따르면 지난 10년간 40종 이상의 박쥐가 중국으로 서식지를 이동했고,[48] 새로운 지역으로 이동한 박쥐가 이전에는 존재하지 않았던 바이러스를 퍼트리거나, 코로나19와 같은 새로운 바이러스를 만들기도 하는 거지.

> **서식** (棲息)
> 동물이나 식물이 일정한 곳에 자리를 잡고 사는 것을 말해.

기후변화는 질병을 일으켜

그런데 코로나19 이전에도 기후변화와 관련된 질병들이 존재했다는 걸 알고 있니?

첫째, **흑사병**이 있어. 흑사병은 인류 역사상 가장 많은 사람의 목숨을 앗아간 최악의 질병이야. 흑사병은 다른 말로 페스트(Pest)라고 하는데, 흑사병에 감염된 쥐에 인간이 접촉했을 때 전염이 돼. 14세기 유럽에 퍼진 흑사병은 1346~1353년 사이에 유럽 서쪽 지역 일대를 휩쓸면서 7,500만 명에서 2억 명의 목숨을 앗아갔다고 해.

> **흑사병** (黑死病)
> 페스트균이 일으키는 급성 전염병으로 머리가 아프고 열이 나며 춥다가 의식이 흐려져서 사망하게 되는 병이야.

흑사병은 유럽에서 흑사병이 유행하기 8년 전 중앙아시아의 키르기스스탄 북쪽 산악지대에서 발생했어. 유럽까지 어떻게 전파가 되었는지는 아직 논쟁 중이지만 **실크로드**를 따라서 몽골 제국이 커지는 과정에서 전파된 것이라는 설이 유력해.[49]

> **실크로드** (Silk Road)
> 커다란 아시아 대륙을 관통하는 중국과 서아시아, 지중해 연안 지방을 연결했던 고대의 무역길을 말해.

이 당시 유럽은 **중세** 시대의 따뜻한 날씨가 끝나고 평균기온이 서서히 떨어지기 시작한 시기였대. 이때 전 세계 평균기온은 매년 0.5도에서 최대 1도 정도씩 떨어졌다고 해. 그리고 때마침 여름에 비가 많이 내리기 시작했고, 극단

> **중세** (中世)
> 역사를 구분하는 시대 중 하나로, 서양의 400~1400년대를 뜻해.

적인 기상이변도 빈번해졌다고 해. 그 결과는 어땠을까? 날씨가 좋지 않으니 곡물 농사가 제대로 되지 않아서 유럽 전역에 식량난이 발생했대.

14세기 유럽 전역으로 영향을 끼친 기후변화와 습도의 증가는 흑사병의 병원균인 페스트균이 더욱 쉽게 퍼질 수 있게 만들었어. 게다가 극단적인 기상이변으로 인해 식량난까지 발생해서 사람들의 영양 상태도 나빠졌지. 사람들이 제대로 먹지 못하니 **면역** 상태도 나빠지면서 페스트균은 사람들에게 더욱 쉽게 퍼져나갈 수 있었어.

> **면역** (免疫)
> 우리 몸이 스스로를 보호하기 위해서 외부에서 침입한 병균을 방어하는 것을 말해.

둘째, 발진티푸스(Typhus fever)가 있어. 발진티푸스는 온도가 낮은 추운 지역에서 비위생적인 환경에 사는 사람에게 많이 발생하는 질병이야. 특히 전쟁 상황과 같은 열악한 조건에서는 발진티푸스가 더욱 쉽게 퍼질 거야.

앞에서 탐보라 화산의 폭발에 대해 이야기했지? 인류 역사상 가장 강력한 화산 폭발로 화산재가 지구 대기를 뒤덮어 전 세계 평균기온이 1도 이상 하락했다고 해. 이때가 앞에서 이야기한 아일랜드 대기근 시기랑 겹치는 기간이야. 1816년 아일랜드에는 그해 여름 153일 중에서 142일 동안 차가운 비가 쏟아졌다고 해. 낮은 기온과 기상이변으로 인해 식량난이 겹치는 상황에서 발진티푸스로만 10만 명의 아일랜드인이 사망했다고 해.[50]

셋째, 콜레라(Cholera)도 있어. 콜레라는 콜레라균에 감염되어 발생하는 질병이야. 콜레라균은 기온이 높고 해수면이 상승했을 때 쉽게 퍼진다고 해. 콜레라균이 이러한 상황에서 잘 퍼지는 이유는 콜레라균이 바다에 사는 요각류라는 동물성 플랑크톤에 붙어살기 때문이야. 해수 온도가 높아지면 바닷속 식물성 플랑크톤의 개체 수가 증가하고, 식물성 플랑크톤을 먹고 사는 동물성 플랑크톤의 개체 수 역시 증가하게 돼. 그리고 해수면이 상승하면 그만큼 바닷물과 인간이 접촉할 확률이 높아져서 콜레라균은 더욱 쉽게 인간에게 옮겨갈 수 있게 되는 거야.

이 외에도 독감이 있어. 역사상 사람에게 가장 많은 피해를 준 대표적인 독감으로는 크림전쟁 독감, 스페인 독감, 아시아 독감 등이 있어. 이들은 모두 지구온난화의 효과보다는 기상이변이 심하게 발생했을 때 유행했던 질병이라는 공통점을 가지고 있어.

기후변화는 이렇게 코로나19와 같은 새로운 질병을 만들 수도 있고, 흑사병, 발진티푸스 그리고 콜레라와 같이 기존의 질병을 더욱 많은 지역에 확산시킬 수도 있어. 그리고 미래에는 새로운 질병의 출현이 더욱 잦아질 수도 있어. 특히 최근 들어서 지구온난화로 러시아와 알래스카 지역의 **영구동토층**(permafrost)이 녹으면서 수만 년 동안 잠자고 있던 바이러스나 세균들이 다시 깨어나고 있다고 해. 이들은 기존에 우리가 경험한 흑사병, 콜레라, 독감과는 전혀 다른 무서운 질병일 수도 있는 거야.

> **영구동토층** (永久凍土層)
> 평균기온이 영하인 달이 6개월 이상으로 땅속이 1년 내내 언 상태로 있는 지역을 말해.

코로나19는 인류가 처음으로 겪은 바이러스야. 흑사병과 콜레라가 그랬듯이 제2의, 제3의 코로나19도 미래에 다시 나타날 수 있어. 너무 겁먹지는 않아도 돼. 사람들에게 큰 피해를 줬던 질병은 몇백 년에 한 번 나타나기 때문이야. 그 대신 우리는 언젠가 새로운 질병이 나타날 수도 있다고 예상하면서 미래에는 어떻게 효과적으로 대응할 것인지 고민해야 해.

• 오늘 당장 실천해 보자! •
기후고민이 있다면 부모님과 이야기해 보기

　기후변화가 일으킨 질병이 사람을 아프게 하고 심지어 죽게 만들지만, 사람의 마음을 아프게도 한대. 바로 '기후우울증'이라고 하는 병이야. 기후우울증이란 기후위기가 인류의 미래에 위기를 가져올 것이라는 상황을 보면서 느끼는 불안, 분노, 무력감, 스트레스 등을 일컫는 말이야.

　기후우울증은 스웨덴의 10대 기후 활동가 그레타 툰베리(Greta Thunberg)도 겪었다고 알려졌는데, 기후변화가 심해지는 현실에서 자신이 지구를 위해 아무것도 할 수 없다고 느낄 때 찾아온다고 해. 그리고 기후우울증은 기후변화가 심하지 않았던 시대를 살았던 어른 세대보다는 기후위기가 심각해지는 지금 시대에 살고 있는 아이들이 더 많이 겪고 있다고 해.

　기후우울증은 최근에야 알려진 마음의 병이기에 청소년들은 딱히 누구와 상담해야 할지도 모르겠고, 과연 내

가 겪고 있는 것이 기후우울증인지조차 모르고 고민한다고 해. 만약 기후변화와 지구의 미래가 너무나 걱정되고, 심지어 무력감까지 느끼는 친구가 있다면 학교의 상담선생님을 찾아가 보는 것도 좋아. 그리고 부모님과도 이야기해 보자. 혼자 고민할 필요는 없어.

 지구온난화와 기후변화를 막는 일은 상당히 거대한 일이기는 해. 그렇기에 혼자 막아낼 수는 없고, 친구들, 부모님, 선생님 모두 함께해야만 하지. 이 책에서 제안하는 생활 속 작은 일들부터 같이 실천해보는 거야. 우리의 노력이 모이면 1.5도 목표를 지킬 수 있을 거야!

깨끗한 전기를 사용하자!

전기도 깨끗하지만은 않아

 일주일에 한 번씩 돌아오는 주말, 평소처럼 학교에 가지 않는데도 아침 일찍 눈이 떠지는 날이 있을 거야. 일찍 일어나면 혼자 거실로 나가서 전등을 켜기도 하지. 그리고 주방에 가서 냉장고에 있는 물을 꺼내거나 정수기 버튼을 눌러 물을 마시기도 해. 소파에 앉아 리모컨으로 TV를 켜고, 누워서 핸드폰을 가지고 놀기도 해. 여름에는 너무 더워 선풍기나 에어컨을 켜기도 하지. 외출을 위해 머리를 감은 후 드라이기로 말리고, 부모님이 운전하는 전기자동차를 타고 여행을 떠나기도 하지. 전등, 냉장고, TV, 핸드폰, 선풍기, 에어컨, 드라이기, 심지어 자동차까지 이제는 전기가 없으면 움직일 수 없어.

이렇게 우리의 생활을 편리하게 하는 제품을 움직이게 만드는 것은 전기의 힘이야. 그러면 과연 전기는 어디서 만들어지는 걸까? 전기는 전기를 생산하는 공장인 발전소에서 만들어져. 발전소에서는 여러 가지 에너지원을 사용하여 물을 끓인 후 만들어진 수증기로 **터빈**과 발전기를 돌려 전기를 생산해.

> **터빈 (turbine)**
> 높은 압력의 기체를 회전 날개에 부딪치게 함으로써 힘을 얻게 하는 기계장치야.

우리나라 발전소에서 사용하는 에너지원은 원자력, 석탄, 석유, 가스가 있어. 이 중에서 화석연료인 석탄, 석유, 가스를 에너지원으로 사용하면서 많은 양의 온실기체를 지구로 내뿜게 돼. 전기를 생산하기 위해서 화석연료를 소비하고, 그로 인해 온실기체가 만들어져 결국에는 지구온난화와 기후변화를 일으키는 거야.

우리가 쓰는 전기는 석탄(36퍼센트), 가스(26퍼센트), 석유(1퍼센트)를 이용해서 발전소에서 만들어져. 즉, 전기의 63퍼센트가 화석연료로 만들어지는 거야. 그리고 전기의 29퍼센트는 **원**

자력 발전소에서 생산하고, 7퍼센트 정도만 온실기체의 배출이 없는 태양광(햇빛), 풍력(바람), 수력(물)과 같은 친환경에너지로 만들어져. 우리가 전기를 사용할 때 우리 눈에는 발전기가 보이지 않아 못 느끼지만, 전기의 63퍼센트는 화석연료로 만들어지기에 우리가 전기를 사용할 때마다 먼 곳에 있는 발전소에서 온실기체를 지구로 내뿜고 있는 거야.

> **원자력** (原子力)
> 물질의 가장 작은 단위인 원자의 중심에 있는 핵이 파괴되면서 생기는 힘을 말해.

전기는 공장에서 많이 쓰여

발전소에서 생산된 전기의 54퍼센트는 공장에서 쓰인다고 해.[51] 이렇게 공장에서 전기가 많이 쓰이는 이유는 무엇일까? 우리나라는 반도체, 자동차, 석유화학 공장과 같이 전기를 많이 쓰는 산업이 발달했기 때문이야. 나라의 발전을 위해서는 이러한 공장들을 없앨 수 없어. 또한, 전기를 생산하기 위한 화석연료의 82퍼센트는 외국에서 **수입**하고

> **수입** (輸入)
> 다른 나라로부터 상품이나 기술을 우리나라로 사오는 것을 말해. 파는 일은 수출(輸出)이라고 하지.

있어.[52] 전기는 우리나라에서 생산하지만, 전기의 원료인 화석연료는 해외에서 사오는 거야. 그리고 전기의 원료인 화석연료를 먼 외국에서 배에 싣고 올 때도 당연히 화석연료가 쓰이겠지.

반면에, 가정에서 쓰는 주택용 전기는 15퍼센트밖에 안 된다고 해. 가정에서 쓰는 전기의 비율은 공장에서 쓰는 전기의 비율보다는 훨씬 낮아. 그런데 누군가는 이렇게 이야기할 수도 있어. "우리가 집에서 열심히 줄여봤자 공장에서 쓰는 전기 소비량을 줄일 수 없으면 아무 소용이 없어!"라고 말이야. 이 친구의 말이 틀린 것은 아니야. 그러나 공장에서만 전기 소비를 줄이려고 노력하고, 우리는 노력하지 않아도 될까? 아니야. 전기 소비량을 줄이고, 온실기체를 줄이는 노력은 모두가 해야 하는 일이지. 지구를 지키는 일에 누군가가 빠지면 안 되겠지?

그러면 어떻게 해야 할까? 우선, 전기를 온실기체를 배출하지 않는 에너지원으로 만들어야 해. 바로 **재생에너지**로 전기를 만들 수 있어. 햇빛으로 태양광발전을 하고, 바람으로 풍력발전을 하고, 물로 수력발전을 하고, 바닷물로 조력발전을 하는 등 지구상에 존재하

> **재생에너지** (再生 energy)
> 햇빛, 바람, 물, 바다 등 계속 써도 없어지지 않고 공급받을 수 있는 에너지를 말해.

는 자연적인 에너지원을 이용하는 거지. 재생에너지 발전기를 만들거나 발전소를 만들 때 어쩔 수 없이 온실기체가 나오겠지만, 한번 재생에너지 발전소를 만들고 나면 전기를 생산하는 과정에서는 온실기체가 나오지 않을 거야. 아직은 재생에너지로 만드는 전기가 7퍼센트밖에 되지 않지만, 미래에 재생에너지로 만드는 전기의 생산량이 늘어난다면 전기를 쓰더라도 온실기체를 배출하지 않게 되겠지.

우리가 전기를 적게 쓰는 방법

그리고 전기 사용량을 줄여야만 해. 정부는 정부대로, 공장은 공장대로, 가정은 가정대로 전기 사용량을 줄여야겠지. 그렇다면 우리가 집에서 전기 사용량을 줄일 수 있는 방법은 무엇이 있을까?

첫째, 대기전력을 줄이는 거야. 전자제품은 콘센트에 꽂혀 있는 것만으로도 조금씩 전기가 소모되는데, 이것을 대기전력이라고 해. 그렇기에 사용하지 않는 전자제품은 쓰지 않을 때는 플러그를 뽑아두는 거야. 또한, 콘센트에 '선풍기', 'TV'와 같이 이름표를 붙여놓고, 쓰지 않을 때 뽑아두는 것도 좋아. 마지막으로 대기전력 차단 멀티탭도 있으니, 집에서 대기전력을 줄이는 노력을 해보자!

둘째, 집안의 전구를 바꿔보는 거야. 가정에서 전기가 가장 많이 쓰이는 곳은 조명, 에어컨, 그리고 냉장고라고 해. 거실, 방, 화장실, 베란다 모두에 전등이 달려 있어서 전기를 많이 쓸 수밖에 없지. 전등은 긴 등도 있고, 둥근 등도 있어. 전등마다 전기 소비량이 다른데, LED라는 전등은 백열등과 같은 크기의 빛을 내지만 전기 소비량이 적어. 전등만 LED로 바꿔도 전기 소비량을 줄이고, 전기 요금도 줄일 수 있어!

셋째, 조명을 잠시 꺼두는 거야. 가정에서 조명에 사용되는 전기가 많다고 했지? 그만큼 조명을 사용하지 않을수록 가정에서 전기를 아낄 수 있어. 매년 4월 22일은 '지구의 날'이야. 지구의 날은 지구의 환경을 보호하자는 취지로 제정한 기념일이야. '지구의 날'에는 전 세계적으로 저녁 여덟 시가 되면 조명을 끄는 소등 행사를 해. 우리나라 사람들이 10분간 전등을 끄기만 해도 30년생 소나무 3,077그루가 1년에 흡수하는 양만큼의 온실기체를 줄일 수 있다고 해.[53]

넷째, 고효율 제품을 사야 한다고 부모님께 말하는 거야. 우리가 쓰는 냉장고, 청소기, 세탁기, 선풍기 옆에는 '에너지소비효율등급' 스티커가 붙어 있어. 같은 종류의 전자제품 중에서 우리가 집에서 쓰는 전자제품이 에너지를 얼마나 효율적으로 사용하는지를 나타내는 스티커야. 등급은 1~5등급으로 나누어지는데, 등급 숫자가 작을수록 에너지 효율이 높은 거지. 1등급 제품은 5등급 제품보다 30~40퍼센트 정도 전기를 적게 쓴다고 해. '에너지소비효율등급'에는 이산화탄소 배출량 정보와 연간 전기소모량 정보도 볼 수가 있어. 전자제품은 자주 바꾸기 어렵지만, 만약 전자제품을 새로 사게 된다면 부모님께 말해서 에너지 소비효율 등급이 높은 제품을 사도록 해보자.

가정에서도 전기 사용량을 줄이고, 에너지를 적게 쓰고, 온실기체를 줄일 수 있는 다양한 방법들이 있어. 혼자 한다면 어렵기도 하고, 효과는 적을지도 몰라. 그러나 우리 집, 친구네 집… 이렇게 하나둘씩 작은 노력들이 모인다면 더 큰 효과를 발휘할 수 있어. 우선은 우리 집부터 실천하도록 부모님과 이야기해 보자! 함께해 보면 더욱 수월할 거라 믿어!

에너지소비효율등급라벨

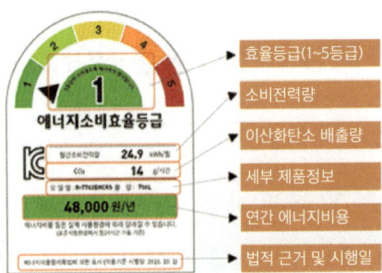

에너지소비효율등급이란 1부터 5까지의 등급에 따라 가전제품의 에너지 사용량이나 에너지 소비효율을 구분한 표시예요!

• 오늘 당장 실천해 보자! •
대기전력이 있는 제품을 찾아 코드 뽑기

　대기전력으로 필요 없는 전기가 낭비되고 있다는 걸 아니? 대기전력으로만 1년에 한 가정에서 209킬로와트시(kWh)의 전기가 소모되고 있다고 해. 이는 1년에 한 가정에서 쓰는 전기 소비량의 6.1퍼센트 정도야. 우리나라 전체로 계산해 보면 대기전력으로만 4,000억 원 규모의 전기가 쓸데없이 낭비된다고 해.

　그런데 집에 있는 전자제품 중에는 대기전력이 있는 것도 있고, 없는 것도 있어. 대기전력이 있는지 없는지 어떻게 알 수 있을까? 전자제품을 자세히 살펴보면 대기전력이 있는지 없는지를 표현해 둔 그림이 있어. 동그라미 안에 막대기가 그려진 그림은 가전제품의 전원을 끄면 대기전력이 소비되지 않는다는 의미야. 반대로 동그라미 윗부분이 뚫려 있고, 동그라미 밖으로 막대기가 빠져나와 있는 그림은 전원을 꺼도 대기전력이 계속 발생한다는 의미야. 전자제품을 사용하지 않음에도 불구하고 전

기가 계속 낭비되는 거지.

  우리가 해야 할 일은 무엇일까? 우선 집에 있는 전자제품 중에서 대기전력이 있는 전자제품이 무엇이 있는지 조사해 봐. 집에 있는 대기전력이 높은 전자제품으로는 유선방송 셋톱박스, 인터넷 모뎀, 에어컨, 스피커, 전기밥솥과 같은 제품이라고 하니까 이들 제품을 한번 살펴봐.[54]

  그리고 대기전력이 있는 제품은 사용하지 않을 때 전원 플러그를 뽑거나, 대기전력을 차단하는 멀티탭을 이용하는 거야. 이렇게 대기전력만 줄여도 집에서 쓰는 전기를 아낄 수 있고, 전기를 만들기 위해서 발전소를 돌릴 필요가 없으니 온실기체도 발생하지 않겠지. 우리가 집에서 할 수 있는 작은 일부터 하나둘씩 해보는 거야.

대기전력 없음

대기전력 있음

지속가능한
에너지를 사용하자!

제주도와 대관령에 있는 바람개비

우리나라에서 제일 인기 많은 여행지 중 하나는 제주도라고 해. 제주도 해안가를 여행하다 보면 바람개비처럼 생긴 아주 큰 풍력발전기를 쉽게 볼 수 있어. 바닷가에 부는 빠른 바람을 이용해서 풍력발전기의 날개를 돌려 전기를 생산하는 거야. 바람이 지구에서 사라지지 않는 한 풍력발전기로 전기를 계속 공짜로 만들 수가 있어. 그런데 바람의 양에 따라 어떨 때는 풍력발전기가 쉴 새 없이 돌아가기도 하고, 어떨 때는 풍력발전기가 너무 천천히 돌아가거나 멈추어 있기도 해.

　강원도 평창에 있는 대관령에 가본 친구들도 있을 거야. 대관령 양떼목장 일대에는 50대가 넘는 풍력발전기가 있다고 해.[55] 여기도 제주도와 마찬가지로 서쪽에서 동쪽으로 **태백산맥**을 넘어 가는 바람을 이용해서 전기를 만들어. 대관령 풍력발전 단지에서 생산되는 전기 생산량은 약 5만 가구가 사용할 수 있는 전기의 양이라고 해.

> **태백산맥** (太白山脈)
> 우리나라를 남북으로 가로지르는 가장 긴 산맥이야.

　풍력발전에 쓰이는 바람은 인공적으로 만드는 것이 아니라 자연적으로 계속 존재해. 그렇기에 바람, 햇빛, 물은 없어지지 않고 지속적으로 사용이 가능한 재생에너지야. 온실기체를 배출하지 않으면서 계속 전기를 만드는 방법인 거지.

바람이 꾸준히 불면 좋을 텐데 말이야

　풍력발전기는 바람의 세기에 따라 발전량이 결정돼. 바람이 많이 불어 풍력발전기의 날개가 많이 돌수록 전기가 많이 생산되는 거야. 바람이 많이 부는 날은 전기가 많이 생산될 것이고,

바람이 많이 불지 않은 날은 전기가 적게 생산될 거야. 그런데 여기에 하나의 문제가 있어. 전기가 필요한 사람은 전기가 들쑥날쑥하지 않고 안정적으로 꾸준히 들어와야 좋아할 거야. 만약 전기 생산량이 들쑥날쑥하다면 풍력발전기에 100퍼센트 의존하기 어려울 거야. 이때 나오는 개념이 재생에너지의 안정성(stability)이야. 재생에너지를 통한 발전량의 변화가 적고 안정적으로 계속 들어와야 한다는 의미이지.

풍력발전은 매달 날짜에 따라 하루에 전기를 생산할 수 있는 시간이 달라진다고 해. 12월에는 하루에 8시간 정도 발전기가 안정적으로 돌아가고, 11~4월까지는 하루에 6시간 이상 안정적으로 돌아간다고 해. 그런데 6~7월에는 풍력발전기가 안정적으로 돌아가는 시간이 하루에 4시간 미만이라고 해.

태양광발전도 마찬가지야. 사계절 동안 우리나라에 비치는 태양의 양이 다르기에 태양광발전기는 발전량이 1년 동안 계속 바뀌는데, 하루 사이에도 변화가 커서 봄철과 여름철에는 태양의 **남중고도**가 높아서 태양광발전의 효율이 높지만, 겨울철에는 태양의 남중고도가 낮아서 태양광발전의 효율

> **남중고도** (南中高度)
> 땅에서 태양을 볼 때 하루 사이 원형의 궤적을 그리는데, 이때 태양이 가장 높이 떠 있을 때의 각도. 여름 하지인 날 가장 높고, 겨울 동지인 날 가장 낮아.

이 낮아. 또한, 여름철 태풍이 올 때와 장마철에 비가 오거나 흐린 때, 그리고 겨울철 태양광발전기에 눈이 쌓일 때는 발전량이 적어질 거야. 특히 밤에는 아예 태양이 뜨지 않기에 태양광발전은 불가능해.[56]

재생에너지 쓰레기는 처리할 방법이 없어

2020년 〈블룸버그 그린(Bloomberg Green)〉이라는 뉴스에 충격적인 사진이 하나가 나왔어. 이 사진은 90미터 길이의 풍력발전기 날개를 세 조각으로 잘라 땅에 묻는 사진이었어.[57] 사람들은 왜 풍력발전기 날개를 잘라서 땅에 묻는 걸까?

풍력발전기는 바람이 많이 부는 지역에 설치해야 발전량이 많아져. 그렇기에 풍력발전기 날개는 거센 바람에도 부러지지 않아야 해. 연구자들은 거센 바람에도 부러지지 않는 풍력발전기 날개에 적합한 소재를 찾았어. 이들이 찾은 소재는 바로 **탄소섬유**야.

> **탄소섬유** (炭素纖維)
> 탄소(C, Carbon)로 만들어진 물질로 강철과 비교했을 때 5분의 1 수준으로 가벼우면서도, 강도는 10배 이상인 물질이야.

탄소섬유는 강철보다 가벼우면서도 탄성과 강도가 뛰어난

물질이기 때문에 풍력발전기 날개에 적합한 소재야.58 그러나 오랜 시간 사용한 뒤 폐기해야 하는 풍력발전기 날개는 재사용하거나 재활용하는 것이 불가능하다고 해. 현재로서는 날개를 잘라서 땅에 묻는 매립 방식이 최선의 처리기술이야.

풍력 에너지는 재생에너지이지만 풍력발전기 폐기물은 재사용이 불가능한 폐기물인 거야. 그리고 다른 처리기술을 발견하지 못하는 한, 풍력발전기 폐기물은 늘어날 수밖에 없겠지. 한쪽에서는 온실기체 배출을 줄이기 위해 풍력발전기를 사용하지만, 다른 한쪽에서는 환경을 오염시키고 있는 거야. 재생에너지 사용량을 확대해야 하지만, 동시에 재생에너지 폐기물을 처리하는 기술도 동시에 개발할 필요가 있어.

3등분 되어 묻히는 풍력발전기 날개

이미지 출처 : 구글 어스

• 오늘 당장 실천해 보자! •
대관령 풍력발전단지 여행해 보기

　강원도에는 북쪽에서 남쪽으로 길게 태백산맥이 있어. 그래서 옛날 사람들은 서쪽 강원도 평창군에서 동쪽 강릉시로 넘어가려면 태백산맥의 대관령(大關嶺)이라 하는 높이 832미터의 고개를 넘어가야 했어. 지금은 고속도로나 기차를 타고 쉽게 강릉으로 넘어갈 수 있지만 옛날 사람들은 무척이나 힘들었겠지.

　바람도 마찬가지야. 바람도 서쪽에서 동쪽으로 대관령을 넘어가야 하다 보니 바람의 세기도 엄청나게 세져. 그래서 대관령에 2006년부터 53대 정도의 대형 풍력발전기를 설치해 전기를 생산하고 있어.

　대관령 산 정상에 올라가면 산 **능선**을 따라 쭉 설치된 풍력발전기의 모습을 볼 수 있어. 풍력발전단지에 올라가는 길에는 강원도 신재생에너지전시관도 있고, 대관령 양떼목장도 있어. 특히 겨울철 눈 내

> **능선** (稜線)
> 산등성이를 따라 죽 이어진 선을 말해.

리는 날에는 빼어난 **설경**을 볼 수 있다고 해. 이번 여행은 대관령 풍력발전단지에 가서 풍력 발전기의 모습도 살펴보고 양떼목장 먹이 주기 체험도 해보는 건 어떨까?

설경 (雪景)
눈이 내리거나 눈이 쌓인 경치야.

대관령 풍력발전단지의 모습

이미지 출처: 셔터스톡

음식물이 남기는 발자국 이야기

음식물이 발자국을 남긴다는 걸 아니?

    탄소발자국(Carbon Footprint)이라고 들어봤니? 탄소발자국은 인간이 땅 위를 걸어 다니면서 생기는 발자국과 같이, 사람이 활동하거나 상품을 생산하고 사용하는 과정에서 생산되는 이산화탄소의 발생량을 의미해.

    그렇기에 우리가 생활하면서 사용하는 것 모두에서 탄소발자국을 남기게 돼. 집에서 TV 시청을 위해 쓰는 전기, 음식을 조리하기 위한 가스(가스레인지)나 전기(인덕션, 전자레인지), 목

욕을 위한 수돗물, 쓰레기의 처리(매립, 소각), 자동차에 쓰이는 휘발유와 경유 같은 것들을 생산하고, 운반하고, 사용하고, 폐기하는 모든 과정에서 우리는 탄소발자국을 남겨.

　마찬가지로 우리가 먹는 식재료들도 모두 탄소발자국을 남겨. 음식물이 우리 식탁에 오기까지도 여러 가지 과정에서 온실기체를 배출해. 채소나 과일을 기르고, 수확하고, 포장해서 이동시키고, 마트에서 판매되어 집에 오는 과정이 있겠지? 또한, 가축은 넓은 방목지에서 기르기도 하고, 먹이도 주고, **도축**하고 가공해서 마트로 판매되어 결국에는 우리 집까지 오겠지.

> **도축** (屠畜)
> 고기를 얻기 위해서 가축을 잡아 죽이는 것을 말해.

　이렇게 식재료도 탄소발자국을 남기는데, 다만 식재료의 특성에 따라 탄소발자국의 특징이 달라져. 예를 들어 가축은 사료를 줘야 하기에 먹이주기 단계가 존재하지만, 채소나 과일은 먹이주기 단계의 탄소발자국을 남기지 않겠지. 또한, 가축은 먹이로 옥수수나 볏짚을 줘야 하니까 경작 단계의 탄소발자국도 생겨.

　식재료별로 탄소발자국의 크기가 달라. 소고기 1킬로그램(kg)의 탄소발자국은 99.48킬로그램이라고 해. 소고기 1킬로그램을 생산하기 위해서는 99.48킬로그램의 온실기체가 배출된다는 거야. 반면에 농작물은 육류에 비해 상대적으로 적은 탄소발자국을 남겨. 예를 들어 쌀 1킬로그램을 생산하기 위해서는 4.45킬로그램의 온실기체가 배출된다고 해. 그리고 옥수수는 1킬로그램당 1.7킬로그램, 감자는 1킬로그램당 0.46킬로그램의 온실기체가 발생한다고 해. 소고기 1킬로그램을 생산하는데 99.48킬로그램의 온실기체를 배출하는 것에 비하면 농작물에서 생기는 온실기체는 상당히 적은 거지.[59]

소를 기르고 소고기를 생산하는 과정에서는 여러 단계에서 온실기체가 배출돼. 우선 소를 방목하기 위해서는 기존에 숲이 었던 땅을 소 **방목지**로 변화시키는 과정이 필요해. 숲은 이산화탄소를 흡수하여 나무에 저장하는 기능을

> **방목지** (放牧地)
> 가축을 기르는 땅이나 장소를 말해.

하는데 숲이었던 땅을 방목지로 변화시키니, 숲이 흡수하는 온실기체의 흡수량도 줄어들겠지. 또한, 소의 먹이가 되는 옥수수와 같은 농작물을 경작하는 과정에서도 상당히 많은 온실기체가 배출되고 있어. 농기계도 운전하고, 비료도 뿌리고, 농장으로 사료를 운반하는 과정에서도 온실기체가 배출돼.

소는 반추동물로 사람과 달리 위가 4개가 있어. 그래서 낮에

는 풀을 뜯거나 사료를 먹고, 밤에는 낮에 먹은 음식을 되새김질해서 다시 씹는 과정을 거쳐. 낮 동안 먹은 풀이나 사료가 뱃속에서 계속 미생물에 의해 발효되면서 메탄(CH_4)이라는 온실기체가 배출돼. 마지막으로 소도 **배설**을 하는데, 이 배설물을 처리하는 과정에서도 메탄과 아산화질소(N_2O)라는 온실기체가 배출돼. 메탄은 이산화탄소에 비해 21배, 아산화질소는 이산화탄소에 비해 310배 정도 높게 지구온난화에 기여하는 온실기체야.

배설 (排泄)
동물이 음식을 먹어 영양을 섭취하고 그 남은 찌꺼기나 부산물을 몸 밖으로 내보내는 것을 말해.

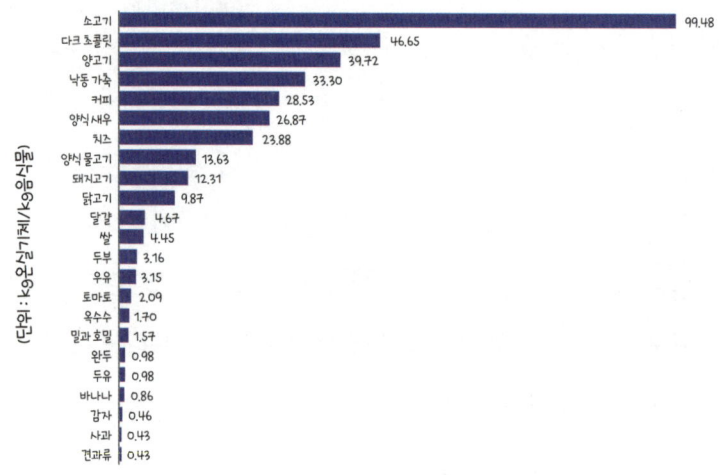

출처 : 데이터 속 세계(https://ourworldindata.org)

소중한 음식물 남기지 않기

학교 점심시간에 내가 좋아하지 않는 반찬이 나와 급식을 받았다가 먹지 않고 버린 날도 있을 거야. 혹은 집에서 부모님이 요리를 해주셨는데, 먹다가 배가 불러 그냥 버린 날도 있을 거야. 식재료를 기르고, 운송하고, 요리하는 과정에서 뿐만 아니라, 먹다 남은 음식물을 처리할 때도 온실기체가 배출돼.

우리나라에서 1년에 버려지는 음식물쓰레기의 양이 515만 톤 정도라고 해. 어마어마한 양인데, 크기가 잘 와닿지 않을 거야. 515만 톤을 우리나라의 인구수로 나누었을 때 한 사람당 1년에 음식물쓰레기를 99.41킬로그램 정도 배출하는 양이야. 우리의 몸무게를 40킬로그램 정도로 가정한다면, 1년 동안 우리 몸무게의 2.5배 정도되는 양의 음식물쓰레기를 배출하고 있는 거지.

그러면 음식물쓰레기는 우리도 모르게 어디서 발생하는 걸까? 우선 식재료를 운송하고, 조리하는 과정에서 57퍼센트가 발생한다고 해. 채소의 껍질, 생선의 머리나 내장은 조리하는 과정에서 발생하는 음식물쓰레기야. 그리고 우리가 학교나 집에서 먹다가 남아서 버린 음식물쓰레기가 30퍼센트, 냉장고에

보관하다가 먹지 않고 버리거나, 유통기한이 지나 버리는 음식물쓰레기도 13퍼센트나 된다고 해.[60]

음식물쓰레기를 20퍼센트만 줄여도 온실기체 배출량이 177만 톤 정도 줄어든다고 해. 이 양은 승용차 47만 대가 배출하는 온실기체의 양과 같다고 해.[61] 탄소발자국이 적은 식재료를 고르는 것도 중요하지만, 음식물쓰레기를 만들지 않기 위한 노력도 그만큼 중요한 거야. 그렇다면 우리는 어떻게 해야 할까? 학교에서는 밥과 반찬을 내가 먹을 만큼만 담거나, 영양사님께 먹을 만큼만 달라고 하는 거야. 그리고 집에서도 반찬을 내가 먹을 만큼 덜어 먹는 것이 중요해. 우리가 생활 속에서 쉽게 할 수 있는 일이니까, 음식을 남기지 않는 생활을 해보는 것은 어떨까?

· 오늘 당장 실천해 보자! ·

일주일에 하루는 고기 없는 저녁 식탁 만들기

　우리의 생활 속 음식물은 우리도 모르는 사이 탄소발자국을 남겨. 특히 우리가 육류 위주의 식습관을 가질수록 지구온난화에 많이 기여하는 거야. 우리의 습관이 기후변화에 영향을 주는 거지.

　전 세계에서 얼마나 많은 소가 길러지고 있을까? 2020년 기준으로 전 세계에서 15억 2,593만 마리의 소가 사육되고 있고, 우리나라에서는 380만 마리의 소를 키우고 있다고 해. 우리나라는 1980년에는 소를 210만 마리를 사육했는데, 현재는 380만 마리까지 늘어난 거야. 이렇게 소를 많이 사육하기에 온실기체도 많이 배출될 수밖에 없어. 전 세계적으로 소가 배출하는 온실기체의 양은 전 세계 온실기체 배출량의 11~20퍼센트를 차지하고 있다고 해.[62]

　우리가 육식 위주의 식습관을 조금이나마 개선하고, 반대로 채식 위주의 식습관으로 바꾼다면 저 멀리서 소

를 키우기 위해 배출하는 온실기체의 양을 줄일 수 있을 거야. 일순간에 모든 육류 섭취를 멈추고 채식주의자로 살자는 것은 아니야. 다만 우리 눈에 보이지는 않지만, 우리의 육식 위주의 생활 방식이 기후변화에 직접적으로 영향을 미치고 있다는 것을 알아줬으면 해.

    그렇기에 지구온난화와 기후변화에 식재료가 끼치는 영향을 깨닫고, 육류의 섭취 횟수나 양을 줄이면 기후변화를 개선하는 데 중요한 영향을 끼칠 수 있다고 생각해. 일주일에 하루만이라도 고기가 없는 삶을 실천한다면 우리는 더욱 나은 삶을 살 수 있을 거야. 부모님께 말해서 일주일 중 하루는 고기 없는 식탁을 만들어 보는 것은 어떨까?

대중교통 타고!
온실기체 줄이고!

서울에서 부산까지의 거리는?

우리나라에서 큰 도시 하면 어디가 떠오르니? 우리나라의 수도인 서울특별시를 떠올리는 친구도 있을 것이고, 부산광역시, 대전광역시, 경기도 등 다양한 도시를 떠올리는 친구도 있을 거야. 2022년 기준으로 우리나라의 인구는 5,143만 명 정도야. 이 중 서울특별시 942만 명, 부산광역시 332만 명, 인천광역시 297만 명, 대구광역시 236만 명, 대전광역시에는 145만 명 정도가 살고 있다고 해. 특별시나 광역시가 아니지만, 경기도에는 무려 1,359만 명이 살고 있다고 해.

경기도가 우리나라에서 인구가 제일 많기는 하지만 서울특별시와 부산광역시가 우리나라의 대표적인 도시야. 서울특별시는 인구도 많지만, 많은 회사와 정부 기관이 모여 있는 도시고, 부산광역시는 무역과 관광이 발달한 중요한 도시야. 그런데 두 도시는 우리나라의 지도에서 정반대에 있어. 서울은 북서쪽에, 부산은 남동쪽에 위치해. 그래서 서울에서 부산까지 가려면 우리나라를 대각선으로 가로질러 가야만 해. 서울에서 부산까지의 거리는 대략 400킬로미터 정도야.

서울에서 부산까지 가는 방법은?

400킬로미터나 떨어져 있는 서울에서 부산까지 가는 방법에는 무엇이 있을까? 서울역에서 출발하는 KTX나 무궁화호와 같은 기차를 타거나 고속버스를 타고 간다는 친구도 있을 것이고, 공항에서 비행기를 타고 간다는 친구도 있을 것이고, 부모님이 운전해 주시는 자가용을 타고 간다는 친구도 있을 거야. 자전거를 타고 가거나 걸어간다는 친구는 없겠지?

서울에서 부산까지 간다고 할 때 교통수단별로 배출하는 온실기체의 양이 달라져. 그런데 여기서 주의해야 할 점은 교통수단별로 한 번에 탑승이 가능한 사람 수가 다르다는 점이야. 그래서 전체 배출량도 중요하지만 한 사람이 배출하는 '1인당 배출량'도 중요해.

비행기는 서울에서 가까운 김포공항에서 부산에서 가까운 김해공항까지 갈 때 한 번에 무려 8,000킬로그램의 온실기체를 배출한다고 해. 다음으로는 친환경 교통수단으로 알려진 KTX 철도야. 전기로 운행되는 KTX가 온실기체를 적게 배출할 것 같지만 전기를 만들 때 온실기체가 발생하기 때문에, KTX는 서울에서 부산까지 한번 가는 데 5,299킬로그램의 온실기체를 만들어 내지. 그리고 버스, 승용차순으로 온실기체를 배출한다고 해.[63]

그런데 교통수단별로 탑승이 가능한 인원이 달라. 교통수단별 온실기체 배출량을 탑승 인원으로 나누어 본다면 우리의 예상처럼 비행기가 온실기체를 1인당 53.3킬로그램 배출하고, 다음으로 승용차(휘발유, 경유), 버스, 철도(KTX) 순서야. KTX는 전체 배출량은 많으나 한 번에 많은 승객을 태우기 때문에 1인당 배출량이 가장 낮게 나오는 거야. 그리고 당연하겠지만 부산까지 자전거를 타고 가거나 걸어간다면 온실기체 배출량은 0이 나오겠지.

2020년 기준 우리나라의 온실기체 배출량은 6억 5,620만 톤이라고 하는데 이 중에서 교통수단에서 배출하는 온실기체 배출량은 1억 153만 톤으로 15퍼센트 정도를 차지해. 이를 조금 더 자세히 살펴볼게. 교통수단이 배출하는 온실기체 배출량 중에서 버스, 승용차와 같이 도로 위를 운행하는 교통수단의 온실기체 배출량이 96퍼센트를 차지한다고 해. 그리고 나머지 4퍼센트 중에서 2퍼센트가 철도, 2퍼센트가 비행기라고 해. 철도는 1인당 배출량이 낮은 교통수단임에도 불구하고 사람들이 이용을 많이 하지 않는 거지.

그러면 우리나라 사람들은 어떤 교통수단을 많이 이용할까? 우리나라 사람들은 여러 교통수단 중에서 승용차를 무려 70퍼센트나 이용한다고 해. 다음으로 버스 15퍼센트, 철도 13퍼센트, 택시 3퍼센트순이라고 해. 승용차는 1인당 배출량이 많음에도 불구하고 우리나라 사람들이 제일 많이 타고 다니는 교통수단이야.

이러한 통계에는 자전거를 타거나 걸어 다니는 사람들은 포함하지 않았어. 그런데 자전거나 걸어 다니는 사람들을 포함한다고 해도 승용차가 차지하는 비율이 크게 달라지지 않을 것 같아. 그런데 사람들은 왜 이렇게 승용차를 많이 타는 걸까?

바로 편리함에 있다고 봐. 서울에서 부산까지는 너무 먼 거리라 승용차가 불편하다는 사람도 있을 거야. 그런데 동네 대형마트에 간다고 생각해 봐. 대형마트에 갔다 오려면 짐이 늘어날 텐데, 짐을 싣기 위해서는 자전거나 버스보다는 승용차가 편하겠지. 아니면 놀이동산에 간다고 생각해 봐. 놀이동산에 갈 때 버스나 지하철을 타고, 거기다가 환승까지 한다면 우리 모두 힘들다고 할 거야. 특히 실컷 놀고 오는 길은 더욱 피곤한데 부모님이 운전해 주시는 승용차 뒤에 타고 오면 얼마나 편할까?

우리는 너무 편한 것에 익숙해져 있는 것 같아. 편한 만큼 세상에 온실기체를 더 많이 배출하는 거야. 그런데 조금만 불편해지면 어떨까? 가까운 거리는 자전거를 타거나 걸어가고, 아니면 번거롭더라도 버스나 지하철을 타고 움직여 보는 건 어떨까? 그렇게 되면 불편해진 만큼 세상에 온실기체를 좀 더 적게 배출하게 될 거야.

서울~부산 교통수단별 온실기체 배출량

(단위: kg, 이산화탄소 환산)

교통수단	항공	철도	버스	승용차	승용차 (경유)	승용차 (하이브리드)
배출량	8,000	5,299	291	50	43	38
1인당 배출량	53.3 (150명 기준)	5.9 (900명 기준)	10 (28명 기준)	50	43	38
				(승용차는 아반떼 동급 기준)		

출처 : 한국교통안전공단

• 오늘 당장 실천해 보자! •
우리 집의 탄소발자국 계산하기

　우리 집에서 발생하는 탄소발자국은 얼마일까 궁금하지 않니? 탄소발자국을 계산해 볼 수 있는 방법이 있어. 시민들에게 기후변화의 심각성을 알리고, 기후변화를 막는 법을 알려주는 '한국기후·환경네트워크'라는 곳이 있어. '한국기후·환경네트워크'의 누리집에서는 우리 집에서 발생하는 탄소발자국을 계산할 수 있도록 '탄소발자국 계산기'를 제공하고 있어.

　우리 집의 탄소발자국은 어떻게 계산할까? 우선 관리비 영수증이나 가스와 수도 고지서를 챙겨. 그리고 부모님께 한 달 동안 자동차에 주유한 금액이 얼마인지 물어봐. 그리고 '탄소발자국 계산기'에 접속해. 관리비 영수증이나 고지서에 적혀 있는 우리 집의 전기 소비량, 가스 사용량, 수도 사용량, 그리고 자동차 연료 사용량 또는 연료비를 입력한 후 몇 가지 추가적인 정보만 입력하면 돼.

　모든 정보를 입력하면 우리 집에서 한 달 동안 배출한

온실기체가 얼마인지와 우리 집에서 배출한 온실기체를 줄이기 위해서 내가 심어야 하는 나무가 몇 그루인지 알려줘. 또한 우리 집과 다른 집을 비교해서 우리 집이 다른 집보다 온실기체를 많이 배출하는지, 적게 배출하는지도 알려줘.

　마지막으로 온실기체를 줄이기 위해서 집에서 할 수 있는 일도 알려주니, 지금 바로 '탄소발자국 계산기'에 접속해서 우리 집에서 발생하는 탄소발자국이 얼마인지 계산해 보자.

종이를 아껴 나무와 숲을 지키자!

종이는 나무로 만들어

세상에 종이가 만들어지기 전에 사람들은 글자를 어디에 써서 전달했을까? 현재까지 알려진 인류 최초의 문명은 서아시아, 지금의 이라크 지역에 존재했던 **수메르**(Sumer) 문명이야. 이들은 인류 역사상 최초로 점토로 만든 판에 **쐐기문자**를 남겼어.

> **수메르 문명** (Sumer 文明)
> 세계 4대 문명 중 하나로 현재 이라크 지역의 티그리스 강과 유프라테스 강 주변에 존재했던 문명을 말해.

기원전 3000년경 고대 이집트인들은 종이가 발명되기 이

전에 종이와 비슷한 파피루스를 만들어 이것에 글자를 썼어. 파피루스는 갈대와 비슷한 식물인데, 파피루스 줄기 속의 부드러운 부분을 얇게 찢은 후 여기에 풀을 칠해서 만들어. 파피루스 줄기 속의 부드러운 부분을 비블로소(Biblos)라고 하는데, 그리스인들은 파피루스를 비블로소라고 부르기도 했어. 바로 비블로소가 그리스어로 책이란 뜻을 가진 성경[Bible, 바이블]의 어원이 되었지.

> **쐐기문자** (쐐기文字)
> 기원전 3100년경부터 기원전 1세기 중반까지 메소포타미아를 중심으로 쓰인 고대 문자로 점토 위에 갈대나 금속으로 글자를 써서 문자의 선이 쐐기 모양으로 보이는 문자야.

기원전 1200년경 중국에서는 갑골문자라는 글자를 써서 기록을 남겼어. 거북이 배 껍질[甲, 갑]이나, 동물의 뼈[骨, 골]에 글자를 써서, 이 문자를 갑골문자라고 해. 이렇게 종이가 발명되기 이전에 사람들은 흙, 식물, 동물을 이용해 글자를 써서 기록을 남기려고 했지. 이외에도 사람들은 돌, 가죽, 심지어 섬유(비단)에도 글자를 썼었지.

그리고 시간이 흘러 서기 105년에 중국의 **채륜**(蔡倫)이라는 사람이 종이를 발명했어. 이전까지 중국에서는 비단에다가 글을 썼는데, 비단

> **채륜** (蔡倫, 미상~121)
> 나무껍질, 풀 등으로 처음 종이를 만든 중국의 관리야. 무려 2,000년 전쯤 종이를 만들었다고 해.

을 많이 이용할수록 비용 부담이 커질 수밖에 없지. 그래서 채륜은 비단을 대체할 방법을 찾다가 종이를 발명했어. 종이 만드는 기술을 제지술이라고 하는데, 제지술은 실크로드를 타고 서아시아, 아프리카, 그리고 유럽까지 전파되었지.

1년에 30년 된 나무를 3그루나 벤다고?

종이는 우리 주변에서 많은 곳에 쓰여. 지금 바로 책상을 찾아봐도 책, 교과서, 문제집, 연습장은 모두 종이야. 신문과 잡지는 종이로 만들고, 택배 상자와 과자 상자도 종이고, 쇼핑백이나 포장지도 종이로 만들어져.

우리나라에서 2022년 1년 동안 쓰인 종이가 866만 톤이라고 해. 이 중에서 상자의 재료가 되는 골판지가 60퍼센트, 책과 잡지를 만드는 인쇄용지가 16퍼센트, 신문 용지가 4퍼센트 정도 된다고 해. 상자를 만드는 데 쓰이는 종이가 제일 많은 거야.

그런데 866만 톤이라는 숫자가 얼마나 큰지 느낌이 오지 않지? 866만 톤을 우리나라 인구수로 나누어 보았을 때 1인당 1년에 168킬로그램의 종이를 쓰는 거야. 우리가 종이를 많이 안 쓰는 것처럼 보이지만 우리가 직접적으로 사용하는 책이나 A4 용지와 같은 종이 이외에도 우리가 쓰는 물건을 만든 뒤 포장해서 배달하는데 골판지로 만든 상자가 쓰이기 때문에 간접적으로도 우리는 계속 종이를 쓰고 있는 거지.

30년 된 나무 1그루에서 만들 수 있는 A4 용지 종이가 약 59킬로그램이라고 해. 우리가 1인당 1년에 쓰는 종이가 168킬로그램이니, 우리 개인들은 1년에 30년 된 나무 3그루, 정확히는 2.85그루 정도를 없애는 거야.[64] 우리가 종이를 아낀다면 베어지는 나무를 구할 수도 있고, 나무가 이산화탄소를 흡수하고 산소를 배출하기에 대기 중에 온실기체를 줄일 수도 있는 거야. 그리고 공장에서 종이를 만들 때도 온실기체가 나오는 데, 종이를 아낀다면 공장에서 나오는 온실기체도 줄일 수 있어. 종이를 아끼는 것이 바로 지구를 지키는 일이지.

우리가 숲을 지킬 수 있는 방법

우리가 숲을 지키기 위해 할 수 있는 일에는 무엇이 있을까? 첫째, 종이를 적게 쓰는 거야. 종이접기를 하거나, 선물 포장을 하고 남은 자투리 종이를 그냥 버린 경험이 있지? 지금 당장은 필요 없더라도 다른 것을 꾸미거나 만들 때 사용할 수도 있어. 그러니 자투리 종이를 모아서 쓰는 것도 하나의 방법이야. 그리고 집에서 프린터기를 쓸 때 되도록 이면지를 사용하는 방법도 있을 거야. 그리고 물티슈도 종이의 원료가 되는 **펄프**로 만들어. 물티슈를

> **펄프 (pulp)**
> 종이의 원료로 나무에서 불순물을 제거하고 섬유만 뽑아낸 재료를 말해.

많이 쓸수록 나무를 베는 건 마찬가지야. 그렇기에 되도록 물티슈를 적게 쓰고 손수건을 쓰는 것도 지구를 위한 하나의 방법이야.

둘째, 환경에 좋은 종이를 쓰는 거야. '재생종이'라고 들어본 적 있니? 재생종이는 한번 쓴 종이를 다시 사용해서 만든 종이야. 그래서 재생종이를 쓰면 쓸수록 나무를 적게 훼손하게 되겠지. 재생종이를 살펴보면 연한 갈색을 띠고 있어. 왜 그럴까? 재생종이를 만들 때 흰색 종이뿐 아니라 다양한 색의 종이를 사용해. 종이를 하얗게 만들려면 **표백제**를 넣어

> **표백제 (漂白劑)**
> 섬유나 염색 재료 속에 들어가 있는 색소를 없애는 약품이야.

야 하는데, 재생종이를 만들 때는 표백제를 넣지 않아. 그래서 갈색이 나오게 되는 거야. 나무의 훼손도 막으면서 환경에 나

쁜 화학물질도 적게 쓰는 거지.

　이렇게 우리의 작은 실천이 모여 종이 사용을 줄이면 환경을 지킬 수 있어. 종이를 만드는 데 온실기체도 적게 배출하고, 나무를 훼손하지 않아서 흡수되는 이산화탄소의 양도 늘릴 수 있어. 이제 우리 지금부터라도 종이를 아끼는 행동을 실천해 볼까?

• 오늘 당장 실천해 보자! •
안 쓰는 종이를 활용해 종이그릇 만들기

　우리가 생활 속에서 종이를 아껴쓰면 결국에는 나무와 숲을 지킬 수 있어. 우선 종이를 최대한 적게 사용하고, 그리고 불가피하게 써야 한다면 이면지를 쓰거나 재생용지를 쓰는 거야. 그런데 우리가 생각하지도 않게 주변에서 종이 쓰레기가 발생하기도 해. 바로 문 앞에 붙어 있는 광고 전단지나, 안내 유인물 같은 종이가 있어. 이런 종이는 이미 글자나 그림이 그려져 있어 재사용하기가 불가능한데, 안 쓰는 종이를 활용해 종이그릇을 만들 수도 있어.

　작은 종이는 과자나 작은 물건 보관함으로 쓸 수도 있고, 큰 상자는 장난감이나 양말 보관함으로도 쓸 수 있으니 한번 종이그릇 상자를 만들어 보자.

종이그릇 만들기

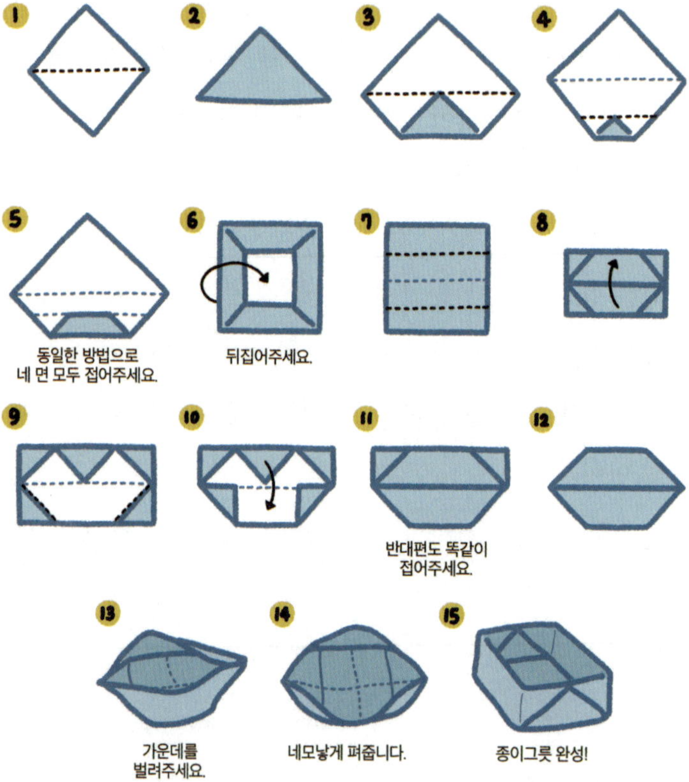

1.
2.
3.
4.
5. 동일한 방법으로 네 면 모두 접어주세요.
6. 뒤집어주세요.
7.
8.
9.
10.
11. 반대편도 똑같이 접어주세요.
12.
13. 가운데를 벌려주세요.
14. 네모낳게 펴줍니다.
15. 종이그릇 완성!

플라스틱은 다시 사용하자!

쉽게 원하는 모양을 만드는 플라스틱

우리 인간의 삶을 이전과 완전히 다르게 혁신적으로 바꾸어 놓은 발명품이 몇 가지 있어. 문자나 글자를 쉽게 쓸 수 있게 만든 종이, 종이에 문자나 글자를 인쇄해서 사람들이 책을 쉽게 읽도록 만든 계기가 된 금속활자와 인쇄기의 발명도 있을 거야. 그리고 사람들의 삶을 편하게 바꾼 전기와 전구, 전화기, 비행기, 자동차와 같은 발명품도 있고, 사람들의 생명을 지켜 준 백신과 항생제 같은 약품도 있지.

그런데 인간의 삶을 편리하게 바꾸었으나, 이제는 인간을 포함하여 전 지구에 위협이 되는 발명품이 있어. 바로 플라스틱이야. 플라스틱은 '**성형**하기 알맞다'라는 뜻을 가진 고대 그리스어 '플라스티코스(plastikos)'에서 유래했어.

> **성형** (成形)
> 적당한 열과 압력을 이용해 일정한 모양으로 만드는 것을 말해.

이 단어의 뜻과 같이 플라스틱은 열이나 압력을 가했을 때 원하는 모양을 쉽게 만들 수 있지.[65]

아무렇게나 버려지는 플라스틱

미국의 연구팀에 따르면 1950~2015년 동안 어마어마한 양의 플라스틱이 만들어졌는데, 플라스틱의 대부분은 땅에 묻히거나 자연에 그대로 버려졌고, 소각장에서 태운 것은 12퍼센트, 그리고 재활용된 플라스틱은 9퍼센트밖에 되지 않아.[66]

우리나라에서 1년에 배출되는 일회용 플라스틱이 얼마나 될까? 2020년에만 우리나라에서 일회용 플라스틱이 558억 개가 쓰였고, 이들의 무게는 87만 톤이나 된다고 해. 얼마나 많은 양인지 상상이 안 될 거야. 동물원에 있는 아시아코끼리 한 마리의 무게가 4톤 정도라고 하는데, 우리나라에서 1년에만 아시아코끼리 21만 7,500마리 정도 무게의 플라스틱을 쓰는 거야. 일회용 플라스틱 558억 개는 음료수를 담는 페트병, 커피를 담는 플라스틱 컵, 음식을 배달시켜 먹을 때 포장하는 배달용기, 그리고 비닐봉투를 모두 합친 숫자야. 어마어마하게 큰 숫자지.[67] 아마 친구들은 일회용 플라스틱을 많이 안 쓴다고 생각할 수도 있어. 그러나 자세히 살펴보면 우리가 마시는 음료수 페트병은 모두 플라스틱으로 이루어져 있지.

플라스틱 쓰레기는 지구에 어떤 영향을 줄까? 우선 아무렇게나 버려진 플라스틱은 시간이 지나면서 태양에너지를 받아 분해되거나 여러 가지 이유로 작게 부서지면서 개울과 강을 따라 바다로 서서히 흘러 들어가. 부서진 플라스틱은 해류를 따라 점차 모이고, 바다 위에 거대한 플라스틱 쓰레기 섬을 만들어. 가장 유명한 쓰레기 섬이 미국 서부의 캘리포니아와 하와이섬 사이에 있는 '태평양 거대 쓰레기 지대'라는 곳이야. 이 쓰레기 섬의 크기는 약 160만 제곱킬로미터로 우리나라(남한) 크기의 16배 정도라고 해.[68]

아무렇게나 배출된 플라스틱은 아주 작게 부서져 **미세플라스틱**이 되는데, 물속의 미세플라스틱은 물고기 몸에서 분해되지 않아. 미세플라스틱을 먹은 물고기를 먹이로 하는 거북이, 참치, 고래의 몸 안에 미세플라스틱이 쌓이게 되고 결국에는 사람들의 몸속에

> **미세플라스틱 (microplastic)**
> 플라스틱이 분해되는 과정에서 생긴 크기가 5밀리미터보다 작은 플라스틱 조각을 말해.

미세플라스틱이 쌓이게 되지. 한 사람이 일주일간 섭취하는 미세플라스틱의 양이 신용카드 1장 무게에 해당한다는 연구도 있어.[69] 인간이 무분별하게 버린 플라스틱 쓰레기가 인간에게 다시 돌아오는 거지.

다음으로는 소각장에서 태워지는 플라스틱도 있지. 그런데 플라스틱을 소각할 때는 무분별하게 버릴 때와 다른 문제가 있어. 플라스틱을 소각하는 과정에서 수많은 대기오염 물질과 독성 물질이 발생하면서 검은 연기도 발생해. 공장처럼 운영되는 소각장에서 플라스틱을 소각할 때는 그나마 대기오염 물질에 대한 정부의 환경 기준 때문에 여러 가지 대기오염 물질을 거르기는 하지만, 정식으로 운영되는 소각장이 아닌 곳에서 플라스틱 쓰레기를 소각하면 대기가 많이 오염되겠지. 플라스틱 소각을 많이 하면 많이 할수록 지구온난화에 나쁜 영향을 계속 주는 거지.

어쩔 수 없이 사용했다면 재활용을 해야 해

그렇다면 정답은 무엇일까? 바로 플라스틱 사용을 최소화하거나, 어쩔 수 없이 플라스틱을 사용했다면 재활용을 잘할 수 있도록 분리수거를 해야 해. 그런데 그거 아니? 플라스틱이라고 다 같은 플라스틱이 아니야. 플라스틱은 그 특징에 따라 일곱 가지의 플라스틱이 있어.[70] 가장 많이 쓰이는 플라스틱은 페트(PET)라고 하는 플라스틱이야. 보통 페트병이라고 하지. 음료수병이나 생수병과 같이 우리가 직접 마시거나 먹는 것들이 들어 있어. 그만큼 플라스틱 중에서도 그나마 사람들이 바로 마실 수 있는 음료수를 담을 수 있기에 안전한 편에 속해 많이 쓰이지.

다음으로 우리에게 익숙한 플라스틱은 저밀도 폴리에틸렌(LDPE)이라는 플라스틱이야. 이름만 들어서는 너무 낯설 거야. 그런데 우리에게 제일 익숙해. 왜냐하면 비닐봉지나 음식을 포장하는 랩을 만들 때 쓰이거든. 다음으로 익숙한 것은 고밀도 폴리에틸렌(HDPE)이라고 샴푸나 세제를 담아 넣는 통을 만드는 데 쓰이는 플라스틱이 있어.

이외에도 여러 가지 플라스틱이 있어. 딱딱해서 장난감이나 장판을 만드는 데 쓰이는 폴리염화비닐(PVC), 컵라면이나 스티로폼을 만드는 데 쓰이는 폴리스티렌(PS), 요거트병이나 주방 용기를 만드는 데 쓰이는 폴리프로필렌(PP)이 있어. 그리고 지금까지 이야기한 플라스틱의 종류에 속하지 않은 모든 플라스틱을 '기타' 플라스틱으로 분류하고 있어.

생각해 보면 같은 플라스틱인데도, 딱딱한 것도 있고, 부드러운 것도 있을 거야. 우리는 잘 몰랐지만 모두 다른 플라스틱인 거지. 그렇기에 플라스틱을 분리해서 버릴 때도 플라스틱의 종류에 신경을 써야 해. 왜냐하면 같은 플라스틱처럼 보이지만 다른 플라스틱들이 모여 있기도 해. 예를 들어 페트병을 버릴 때를 생각해 보자. 병은 말 그대로 PET로 이루어져 있고, 뚜껑은 PP 혹은 HDPE라는 플라스틱으로 이루어져 있고, 그리고 페트병을 감싸고 있는 라벨은 PP라는 플라스틱으로 만들어지거든. 그렇기에 페트병 1개를 버릴 때도 라벨, 뚜껑, 병을 따로 분리해서 버려야 하는 거야.

여러 가지 이유로 플라스틱을 어쩔 수 없이 쓰더라도 플라스틱을 이용해서 제품을 만드는 공장에서 좀 더 적은 개수의 플라스틱만을 사용한다면 좀 더 쉽게 분리수거를 할 수 있을 텐데 말이야.

우리가 어느 지역에 사느냐에 따라 분리수거를 하는 방식도 달라. 어떤 지역은 플라스틱의 종류에 상관없이 한꺼번에 버리는 지역이 있을 거야. 한꺼번에 배출하는 만큼 재활용을 위해서는 플라스틱 쓰레기를 수거한 뒤 종류별로 분리해야 하는 어려움이 있지. 그리고 페트병과 페트병을 제외한 나머지 플라스틱으로 두 종류로 나누어 버리게 하는 지역도 있어. 최소한 페트병만이라도 재활용을 쉽게 하기 위한 방식이지. 더 나아가 제주도에서는 2023년부터 플라스틱을 배출할 때 플라스틱을 5가지 종류로 나누어 배출하게 한다고 해.[71]

플라스틱을 배출하는 방식이 조금 더 까다로워지긴 했지만, 그만큼 재활용을 쉽게 할 수 있을 거야. 우리 친구들도 학교, 사는 지역의 공공기관에 이야기해 플라스틱을 좀 더 다양하게 분리수거 하자고 제안해 보는 건 어떨까? 우리가 노력하는 만큼 지구를 지키는 데 도움이 될 거야.

• 오늘 당장 실천해 보자! •
플라스틱으로 만든 제품을 찾아 종류 구분하기

우리는 생활 속에서 많은 종류의 플라스틱을 쓰고 있어. 우리 집의 방, 거실, 주방, 화장실을 다녀보면서 플라스틱으로 만든 제품을 한번 찾아보자. 장난감부터 세제통, 비닐봉지, 반찬통 등 플라스틱으로 만든 다양한 제품을 찾을 수 있을 거야. 몇 개나 찾았니? 생각보다 많은 플라스틱 제품을 찾았을 거야.

이젠 플라스틱으로 만든 제품의 옆이나 밑을 한번 봐봐. 그러면 플라스틱의 종류에 따라 7가지의 다른 그림이 그려져 있어. 페트병에는 'PET'라고 쓰여 있고, 세제통에는 'HDPE'라고 쓰여 있어. 그리고 과자봉지에는 'OTHER'라고 쓰여 있을 거야.

마지막으로 우리가 해야 할 것은 무엇일까? 바로 분리수거를 잘하는 거야. 동네 분리수거장에 가서 플라스틱이 몇 종류로 분리되는지 한번 알아봐. 만약 한 종류밖에

없다면 관리사무소나 동사무소에 이야기해 플라스틱을 더 많이 분리해서 배출할 수 있게 만들어 달라고 해보자. 그리고 여러 가지로 플라스틱을 분리수거하고 있는 동네라면 집에서도 플라스틱을 구분해서 버릴 수 있도록 분리수거함을 만들어 보자.

플라스틱의 종류

**옷을 조금만 덜 사고
오래 입어보자!**

사계절과 패스트패션

우리나라에는 사계절이 있어서 많은 장점이 있어. 사계절 덕분에 봄, 여름, 가을 동안 다양한 꽃을 볼 수가 있어. 그리고 봄에는 새싹을 보고, 여름에는 울창한 숲을 거닐며, 가을에는 낙엽이 지는 모습과 겨울에는 쌓인 눈을 보며 추억을 만들 수 있는 거야.

그런데 반대로 생각하면 계절마다 온도와 습도가 다르기에 계절마다 다양한 옷이 필요할 수밖에 없어. 특히 어른들과 달리 매년 키가 자라고, 몸무게도 늘어나는 청소년 시기에는 매년 옷을 사야만 하지. 그런데 사람들은 필요에 따라 옷을 사기도 하지만 유행에 따라서 옷을 사기도 해.

패스트패션(fast fashion)이라는 말을 들어봤니? 패스트패션이란 최신 유행이나 소비자의 취향을 반영하여 옷의 생산부터 유통까지 걸리는 시간을 최소화해 옷을 빠르게 공급하는 것을 의미해. 유행을 반영해 만들어진 옷이기에 유행이 지나서 팔리지 않으면 폐기되는 옷이기도 하지. 유통기한이 짧은 음식과 마찬가지로 짧은 시간이 지난 후 버려지지.

2021년 전 세계에서 생산된 섬유는 1억 1,300만 톤이야. 2000년의 5,800만 톤에 비해 2배가량 늘어났다고 해.[72] 마찬가지로 동물원에 있는 아시아코끼리 한 마리의 무게로 계산해 보면 1년에만 아시아코끼리 1,450만 마리 정도 무게의 섬유가 만들어지는 거야. 그리고 2030년에는 전 세계에서 1억 4,900만 톤 정도의 섬유가 생산될 것으로 전망하고 있어. 2016년 기준 전 세계 패션산업(의류, 신발)에서 배출한 온실기체는 39.9억 톤으로 전 세계 온실기체 배출량의 8.1퍼센트를 차지한다고 해.[73] 우리가 입는 옷을 만드는 과정에서도 많은 온실기체가 배출되고 있는 거야.

너무 많은 옷이 지구를 쓰레기장으로 만들고 있어

지금 입고 있거나 옷장에 있는 옷의 안쪽을 보면 흰색의 의류라벨이 붙어 있을 거야. 라벨을 살펴보면 내 옷을 어떻게 세탁해야 하는지도 나오지만, 어떤 섬유로 옷을 만들었는지도 확인할 수 있어. 주로 쓰이는 섬유는 우리가 잘 아는 면 종류도 있지만, 울, 폴리에스터, 나일론과 같은 섬유들도 있어.

면은 식물인 목화를 길러 만드는 섬유야. 그렇기에 천연섬유이면서 식물성섬유라고 부르지. 그런데 원료인 목화를 재배하려면 물이 많이 필요해. 목화 1킬로그램을 얻는 데 약 2만 리터(L)의 물이 필요하다고 해. 그리고 울은 양털을 깎아서 만드는 섬유야. 그렇기에 천연섬유이면서 동물성섬유라고 부르지. 울은 양을 길러 만들기에 당연히 목화를 기르는 것보다 물이 적게 쓰이겠지. 그러나 양은 되새김질을 하는 반추동물로 이 과정에서 이산화탄소보다 온실효과에 미치는 영향이 21배나 큰 메탄 기체가 발생해.

폴리에스터와 나일론은 사람들이 인공적으로 만든 합성섬유인데, 합성섬유는 석유에서 재료를 추출해서 섬유를 만들어. 그렇기에 합성섬유를 만드는 과정에서 당연히 전기와 열이 사용되면서 온실기체를 배출하겠지. 폴리에스터 섬유 1킬로그램을 만드는 데 들어가는 물의 양은 면 1킬로그램을 만드는 데 들어가는 물보다는 적다고 해. 그러나 폴리에스터 섬유 1킬로그램을 만들 때 배출되는 온실기체는 면 1킬로그램을 만드는 데 배출되는 온실기체보다 2배 이상 많다고 해.[74]

섬유를 만드는 것뿐 아니라 이 섬유를 이용해서 옷을 만드는 과정에서도 많은 물이 쓰이고 온실기체가 배출된대. 면 티셔츠 1장을 만들거나 청바지 1벌을 만드는 데도 많은 물이 필요하지. 면 티셔츠 1장을 만드는 데는 한 사람이 8일 동안 사용하는 물이 소비되고, 청바지 1벌을 만드는 데는 한 사람이 23일 동안 사용하는 물이 소비된다고 하니까 정말 많은 물을 사용하는 거지.

섬유가 발생시키는 문제는 또 있어. 합성섬유로 만든 옷은 세탁할 때 세탁기 속에서 섬유들끼리 엉키는데 이 과정에서 섬유들이 잘게 부서지면서 하수도로 흘러가. 바다로 유입되는 미세플라스틱의 3분의 1이 세탁물에서 나오는 합성섬유라고 해.[75] 이렇게 우리가 모르는 사이에 우리의 생활이 지구에 영향을 주고 있는 거지.

옷이 많이 만들어지는 만큼 버려지는 옷도 많겠지? 전 지구에서 1년 동안 만들어지는 옷이 1,000억 벌에 이른다고 해. 너무 옷을 많이 만들고, 그만큼 많은 옷을 버리는 거지. 오래 입어 낡거나 해진 옷이 아닌데도 유행이 지났거나 잘 안 입는다고 동네에 있는 '헌옷수거함'에 옷을 버리는 것을 본 적이 있을 거야. 우리나라에서 헌옷수거함에 모인 옷 중에 국내에서 다시 팔리는 양은 5퍼센트밖에 되지 않아. 나머지 15퍼센트는 쓰레기로 분류되고 나머지 80퍼센트는 해외로 수출된다고 해.[76][77]

우리나라는 헌 옷을 수출하는 국가 중에서 미국, 영국, 독일, 중국 다음으로 많은 세계 5위를 차지한다고 해. 우리나라에서만 매년 30만 톤 이상의 헌 옷이 수출되는데, 우리나라의 헌 옷이 수출되는 국가는 인도, 캄보디아, 필리핀, 방글라데시, 파키스탄과 같은 저개발 국가라고 해.

저개발 국가에 수출된 헌 옷을 모두 저개발 국가의 주민들이 입는 걸까? 그건 아니야. 저개발 국가에 수출된 헌 옷 중에서도 사람들의 선택을 받지 못한 헌 옷들은 무분별하게 버려지거나, 태워지거나, 아무 곳에나 방치된다고 해. 우리는 헌 옷 수출이라고 표현하지만, 실제로는 헌 옷 쓰레기를 저개발 국가로 떠넘기는 거지.

결국 우리가 해야 할 일은 무엇일까? 잘 안 입는 옷을 여러 개 사서 옷을 만드는 과정에서 물과 에너지를 낭비하는 일이 없도록 해야 하고, 온실기체를 적게 배출해야 하겠지. 그리고 이미 산 옷은 여러 번 오랫동안 입어야 해. 우리 모두의 지구를 위해 약속해 줬으면 좋겠어. 유행보다는 필요한 옷을 사기! 가능한 한 옷을 오래 입기! 그리고 우리의 생각을 부모님과 주변 사람들에게도 알려주기!

• 오늘 당장 실천해 보자! •

잘 입지 않는 옷은
헌 옷 기부단체에 기부하기

　우리는 어른들과 달리 매년 키도 자라고, 몸무게도 늘어나기 때문에 매해 새로운 옷이 필요해. 동생이 있다면 동생에게 내가 입던 옷을 물려줄 수 있지만, 그렇지 않다면 헌 옷은 어떻게 해야 할까?
　우선 '헌 옷 수거함'을 떠올리는 친구들이 있을 거야. 동네 쓰레기 버리는 곳에 녹색으로 된 큰 상자가 있을 거야. 그곳에 옷을 넣으면 헌 옷 전문처리업체를 통해 재활용돼.
　헌 옷을 기부받는 곳도 있어. '굿윌스토어'나 '아름다운가게'는 소비자에게 헌 옷을 받아 다시 필요한 소비자에게 판매해. 그리고 헌 옷을 판매한 수익은 경제적으로 어려운 사람들을 위해 쓰여. 나에게는 쓸모없지만 다른 누군가는 필요로 하는 옷이 되는 것이고, 나의 기부로 다른 어려운 이웃을 도울 수도 있는 방법이지.

굿윌스토어나 아름다운가게에 헌 옷을 택배로 보내거나, 가까운 매장에 헌 옷을 들고 찾아가 기부를 할 수 있어. 옷장 속에서 헌 옷을 찾아 주말에 부모님과 함께 헌 옷을 기부하러 가보는 건 어떨까? 누군가는 헌 옷을 다시 입기에 추가로 옷을 만들지 않아도 되고, 헌 옷이 버려지지 않겠지. 환경과 기후도 살리고, 어려운 이웃도 도울 수 있는 방법이야.

재미있는 헌 옷 수거함

이미지 출처 : 저자 촬영, 마포구, 서초구 제공 이미지

끝맺는 말
모든 것은 서로 도우며 살아가!

우리 눈에 보이지 않는 땅속에는 또 다른 세계가 존재해. 현재 전 세계에서 가장 높이 자란 나무는 미국 캘리포니아에 있는 레드우드(Redwood)라는 나무야. 이 나무는 100미터까지 자란다고 해. 이렇게 키가 큰 나무지만 뿌리의 길이는 1.5~1.8미터밖에 안 된다고 해. 나무가 이렇게 크게 자라는데, 뿌리는 길어봐야 어른 키 정도밖에 안 되는 거야. 뿌리의 길이는 짧은데 나무가 높이 자랄 수 있는 비밀은 뿌리를 아래로 뻗는 대신 옆에 있는 다른 나무의 뿌리를 붙잡는 데 있다고 해. 서로가 서로를 의지하면서 꽉 붙잡고 있기에 이렇게 높이 자랄 수 있는 거지![78]

나무의 뿌리에는 나무에 이로운 곰팡이 종류의 미생물이 살고 있어. 이들은 나무가 잎에서 광합성으로 만든 영양분을 먹고 살면서, 흙 속에 있는 질소(N)나 인(P)과 같은 영양분을 뿌리에 전달하는 역할을 해. 질소와 인은 식물의 성장에 도움이 되는 비료로 나무에 도움이 되는 영양분이야. 나무와 미생물이 서로 돕고 사는 거야. 이들을 어려운 말로 균근이라고 하는데, 미생물의 한 종류인 '균류'와 뿌리의 한자어 근(根)을 합해서 만든 말이야. 말 그대로 뿌리에 사는 미생물이라고 해.[79]

땅속의 이야기를 했지만, 지구와 사람도 서로 영향을 주고받으며 살아. 지구에 과거부터 존재하던 온실기체 덕분에 너무 춥거나 덥지 않은 평균기온이 유지되었어. 그리고 우리나라는 운이 좋게 위도 30~60도의 중위도에 있기 때문에 계절의 변화를 느끼면서 풍요로운 먹거리를 누릴 수 있게 되었어. 그리고 사계절에 따라 달라지는 산과 강, 그리고 바다 덕분에 즐거운 추억도 쌓을 수 있는 거지. 자연이 아낌없이 주는 혜택 덕분에 우리는 풍요로움을 느끼며 살 수 있었어.

그런데 인간이 무분별하게 배출하는 온실기체는 우리가 여태껏 누려왔던 삶의 균형을 파괴하고 있어. 그리고 앞으로 문제는 더욱 심각해진다고 해. 이제는 우리가 그동안 공짜로 받

있던 자연의 혜택은 점차 줄어들고, 지구온난화와 기후변화의 나쁜 영향이 우리에게 미칠 일만 남았어. 인간과 자연이 서로 의지하며 살았는데, 우리가 그 관계를 일방적으로 깨버린 거야.

과학자들은 앞으로의 10년이 가장 중요한 시기가 될 거라고 해. 앞으로 10년 동안 우리가 온실기체 감축을 위해 어떠한 정도로 노력하느냐에 따라 현재는 물론이고 수천 년 뒤 지구의 미래까지 영향을 줄 것이라고 해. 과학자들은 앞으로 10년 안에 적극적으로 온실기체를 감축하지 않으면 우리 앞에는 기후 재앙이 있을 거라고 경고했어. 현재의 어른들이 노력을 주저할수록 다음 세대의 아이들은 피해를 더욱 받을 수밖에 없을 거야. 그렇기에 우리는 하나밖에 없는 지구를 위한 노력을 바로 시작해야만 해.

그런데 이러한 노력을 나 혼자 해서 될까? 절대 그렇지 않다고 봐. 약속을 하나 해줬으면 해. 1.5도를 지키기 위한 일들은 혼자 할 수 없기에 주변 사람과 함께 해보는 거야. 우리별 지구를 지키기 위해 전기를 아껴 쓰고, 대중교통을 타고, 육식을 조금이라도 줄이는 일을 우리는 해야만 해. 그리고 종이와 플라스틱을 적게 쓰고 분리수거도 잘해야 해. 그런데 나 혼자만 열심히 해서는 지구를 지키는 데 역부족이야. 그래서 친구들과도 함께해야 하고, 부모님과도 함께해야만 해.

지구를 지키는 행동뿐만 아니라, 기후변화를 몸으로 느낄 수 있는 곳들에 가족들과 함께 여행을 가봤으면 해. 내가 모르던 것을 몸으로 머리로 배울 수도 있고, 부모님 역시 잘 몰랐던 것을 함께 배우면서 추억을 쌓을 수 있으니까 말이야. 여행을 갈 때 되도록 대중교통을 타고 가면 온실기체 배출도 줄일 수도 있을 거야. 아니면 언젠가 가족 여행을 갈 때, 이 책에서 봤던 장소들을 기억해 놓고 부모님께 들러보자고 해도 돼.

지구의 모든 것은 서로 연결되어 있어서 서로가 서로에게 큰 영향을 줘. 지구를 아프게 했던 어른들도 있지만, 지구를 지키기 위해 노력하고 있는 어른들도 있다는 것을 알아줬으면 해. 너희들이 시간이 지나 어른이 될 때쯤에는 어떤 미래가 올지는 모르지만, 지금보다는 더 나은 미래를 위해 우리 모두 노력해 보자. 우리 주변에서 우리가 할 수 있는 일들부터 찾아서 실천하고 행동했으면 해.

이젠 우리가 지구를 위해 나설 차례야. 우리가 '지구구조대'가 되어 더 나은 미래를 위해 하나뿐인 지구를 지켜보자. 우리는 할 수 있을 거야!

• 부록 •

초중등 교과 과정 연계표

차례	초등학교				중학교		
	3~4학년		5~6학년		1~3학년		
	필수과목		필수과목		필수과목		선택과목
	과학	사회	과학	사회	과학	사회	환경
1장. 1.5도 절대 지켜							
왜 2도는 안 되고 1.5도는 될까?	-	-	-	-	유체 지구	-	기후변화와 기후위기
녹아내리는 빙하와 바뀌는 해안선	-	-	유체 지구	-	-	-	
날씨와 기후는 어떻게 다른 거지?	환경과 생태계	위치와 영역	유체 지구	기후환경	유체 지구	기후환경	
온실기체가 너무 많아!	-	-	열	-	물질의 변화	-	
2장. 기후가 너무 빨리 변하고 있어!							
도대체 지난 100년 동안 무슨 일이 있었던 거야!	-	기후환경	물질의 성질	-	물질의 구조	장소와 지역	기후위기와 기후행동
화산은 지구의 기온을 낮추기도 해	고체 지구	-	고체 지구	-	고체 지구		
사계절이 변하고 있어!	-	-	천체	-	유체 지구		
거칠어지는 장마와 태풍	-	-	유체 지구	-	-		
3장. 기온이 올라가면 지구가 아파!							
숲은 온실기체를 잡아먹어!	-	-	생물의 구조와 에너지	-	생물의 구조와 에너지	-	기후변화의 영향과 피해
바닷속 친구들이 위험해!	환경과 생태계	-		-		-	
따뜻한 바다와 차가운 바다	-	-	-	-	유체 지구	-	

감자가 사라진다면?	-	-	과학과 지속 가능한 사회	-	과학과 지속 가능한 사회	-	기후변화의 영향과 피해
자꾸만 북쪽으로 올라가는 과일들	환경과 생태계	경제와 교통		-		-	
이상기후를 피할 곳은 어디에도 없어	-	-	과학과 안전	자연-인간의 상호 작용	과학과 안전	자연-인간의 상호 작용	기후위기와 기후행동
생존을 위해 떠나는 사람들	-	-					
기후변화가 사람의 몸을 아프게 해	과학과 안전	-					
4장. 우리는 지구를 지킬 수 있어!								
깨끗한 전기를 사용하자!	과학과 지속가능한 사회	지속가능한 환경	과학과 지속 가능한 사회	지속가능한 환경	과학과 지속 가능한 사회	지속가능한 환경	기후행동 생태시민의 의미와 역할
지속가능한 에너지를 사용하자!							
음식물이 남기는 발자국							
대중교통 타고! 온실기체 줄이고!							
종이를 아껴 나무와 숲을 지키자!							
플라스틱은 다시 사용하자!							
옷을 조금만 덜 사고 오래 입어보자!							

참고문헌

1. IPCC, 《제6차 평가보고서》, 2021.
2. 최정석, "25년간 남극 빙하 '3조톤' 녹아내렸다", 〈조선비즈〉, 2023.03.22.
3. 권경선, "80년 뒤 서해 연안 침수… '한국 주변 해수면 최대 82cm 상승'", 〈한국일보〉, 2023.03.09.
4. 교육부 블로그, "세계의 기후" (https://if-blog.tistory.com/5373)
5. 기상청 보도자료, "신(新)기후평년값이 보여준 기후변화", 기상청 보도자료, 2021.03.24.
6. 기상청, 《우리나라 109년 기후변화 분석 보고서》, 2021.
7. 황철하, "135년전 3만6천명 목숨 앗아간 인니 화산, 쓰나미 원인 지목", 〈연합뉴스〉, 2018.12.23.
8. 허호준, "한라산 백록담 3만7천~2만년 전 사이 형성됐다", 〈한겨레〉, 2017.09.27.
9. 변지철, "[줌in제주] 천 년 전 제주에 마지막 화산분출이 있었을까?", 〈연합뉴스〉, 2020.10.04.
10. 기상청, 1991~2020년 신 평년기간 동안 계절관측 분석, 2021.
11. 고재원, "30년새 개화·매미 울음 들리는 시기 빨라지고 얼음·서리 구경 어려워졌다", 〈동아사이언스〉, 2021.09.14.
12. 기상청, 《우리나라 109년 기후변화 분석 보고서》, 2021.
13. 이정환, 발행 부수 조작 파문, 종이신문 패러다임의 종말, 〈leejonghwan.com〉, 2021.03.22.
14. 기상청 날씨누리 누리집 (https://www.weather.go.kr)
15. 김남명, "큰 피해 일으킨 힌남노·메기·노루, 태풍 이름서 퇴출", 〈서울경제〉, 2023.07.07.

16. 최나실, "메기 대신 고사리, 노루 대신 호두… 태풍에 '새 이름' 붙은 이유", 〈한국일보〉, 2024.05.14.
17. 왕성상, "국내 숲이 머금은 물의 양은 '소양강댐 10개' 해당", 〈아시아경제〉, 2013.05.29.
18. 안동훈, "[글로벌 인사이트] 작디작은 새우가 만든 쓰나미…인간을 죽이는 '맹그로브의 역설'", 〈서울신문〉, 2018.10.15.
19. 박상욱, "방치 말고 경영, 벌채 말고 수확…숲의 가치, 정말 누리려면? (상)", 2021.04.12.
20. 해양환경정보포털 누리집 (https://www.meis.go.kr)
21. 해양환경정보포털 누리집 (https://www.meis.go.kr)
22. 기상청 종합기후변화감시정보 누리집 (http://www.climate.go.kr)
23. 김규남, "Q.기후위기는 바다에 어떤 영향을 미쳐요?", 〈한겨레〉, 2023.03.14.
24. 문영주, "우리 바다서 명태, 도루묵 이제 못 볼지도 모른다.", 〈수산신문〉, 2024.04.18.
25. 원승일, "명태 급구! 현상금 50만원", 〈헤럴드경제〉, 2014.12.12.
26. 정상빈, "명태 180만 마리 방류했는데…17마리만 잡혀", 〈KBS뉴스〉, 2023.02.23.
27. 권용훈, "영덕대게 없는 대게축제…'러시아산만 먹고 왔다'", 〈한국경제〉, 2023.03.03.
28. 박진호, "맹독성 넓은 띠 큰 바다뱀, 파란고리문어 등 아열대 생물 지구온난화로 한반도로 몰려와", 2017.07.26.
29. 고승희, "[지구의 역습, 식탁의 배신 ①감자] '잉카의 생명' 감자, 설땅을 잃어가다", 〈헤럴드경제〉, 2017.09.28.
30. 안유진, "폐기 농산물 연간 13억톤…활성화 위해 접근성 확대 중요", 〈더바이어〉, 2023.03.06.
31. 통계청, 기후변화에 따른 주요 농작물 주산지 이동현황, 2018.04.10
32. 김희량, "기후위기가 바꾼 한반도 과일지도", 〈헤럴드경제〉, 2023.08.14.
33. 박태균, "겨울철 아침에는 왜 일어나기 힘들까", 〈중앙일보〉, 2015.01.17.
34. 신기섭, "'피자 화덕'에 갇힌 이탈리아 '46도 살인폭염'…유럽 수만명 사망 경고", 〈한겨레〉, 2023.07.18.

35. 이주영, "작년 여름 유럽 폭염 사망자 6만1천여명…이탈리아 1만8천명", 〈연합뉴스〉, 2023.07.11.

36. 윤주혜, "유엔 사무총장 '끓는 지구'의 시대…시작에 불과", 〈아주경제〉, 2023.07.28.

37. 정경수, "'내가 보이면 울어라'..최악 가뭄 유럽에 모습 드러낸 '헝거스톤'", 〈파이낸셜뉴스〉, 2022.08.22.

38. 김기용, "대만, 이상 한파에 99명 저체온증 사망… 日 북동부엔 역대 최대 224cm 폭설", 2022.12.21.

39. 정시행, "시카고 체감 -50도, 뉴욕 -30도, 동북부 90cm 폭설… 美, 100년만의 한파", 〈조선일보〉, 2022.12.26.

40. 기상청,《2021년 이상기후보고서》, 2022.

41. 유창엽, "홍수 피해 인도 북부에 또 폭우 예보…몬순 이후 624명 사망", 〈연합뉴스〉, 2023.07.16.

42. 김지현, "작년 기후난민, 전쟁난민보다 많다", 〈뉴스펭귄〉, 2023.05.12.

43. 강성휘, "파키스탄 대홍수, 국토 3분의 1 잠겨… '구조헬기 내릴 땅도 없다'", 〈동아일보〉, 2022.08.31.

44. 유현민, "아프리카의 뿔' 지역 가뭄 실향민 270만 명 달해", 〈연합뉴스〉, 2023.07.17.

45. 유현민, "'기후 변화로 동부 아프리카 가뭄 더욱 악화'", 〈연합뉴스〉, 2023.04.27.

46. 박의래, "호주, '가라앉는 섬나라' 투발루서 매년 기후난민 280명 받기로", 〈연합뉴스〉, 2023.11.10.

47. 월드오미터 누리집 (https://www.worldometers.info)

48. Beyer, Manica, Mora, "Shifts in global bat diversity suggest a possible role of climate change in the emergence of SARS-CoV-1 and SARS-CoV-2", 〈Science of the Total Environment〉, 2021.05.01.

49. 곽노필, "유럽 초토화 '흑사병 창궐' 미스터리 700년 만에 풀렸다", 〈한겨레〉, 2022.06.17.

50. 한정석, "[역사로 읽는 전염병] 역병(疫病)이 움직인 세계사", 〈미래한국〉, 2020.02.27.

51. 한국전력공사 누리집 (https://home.kepco.co.kr)
52. 산업통상자원부, 「새정부 에너지정책 방향」 국무회의 의결, 2022.07.04.
53. 환경부 보도자료, "4월 22일 지구의 날, 10분간 소등해 주세요", 환경부 보도자료, 2019.04.22.
54. 황세준, "가정에서 새는 대기전력 연간 '4천억원'", 〈산업경제〉, 2012.06.14.
55. 박경민, "(지각변동 전력산업)육상풍력의 메카, 대관령 풍력발전단지", 〈전기신문〉, 2017.05.15.
56. 에너지경제신문, "신재생E 계절별 '들쭉날쭉' 발전시간…태양광 '봄' 풍력 '겨울' 가장 많아", 〈에너지경제신문〉 2021.02.03.
57. Martin, "Wind Turbine Blades Can't Be Recycled, So They're Piling Up in Landfills", 〈Bloomberg Green〉, 2020.02.05.
58. 송명규, "[해설] 탄소섬유의 특징", 〈투데이에너지〉, 2011.06.14.
59. 데이터 속 세계 누리집 (https://ourworldindata.org)
60. 손해용, "'식량 안보' 절실한데, 버려지는 식품은 '눈덩이'", 〈중앙일보〉, 2022.05.05.
61. 황계식, "내가 먹는 음식 '탄소발자국'에 영향을 준다", 〈세계일보〉, 2023.11.05.
62. 남종영, "소가 자동차보다 '기후 악당'?…주먹구구식 셈법 '억울하다'", 〈한겨레〉, 2023.01.11.
63. 윤지로, "급증하는 비행기는 온실기체 주범… '플라이트 셰임' 어때요", 〈세계일보〉, 2019.11.02.
64. 슬로우워크 누리집 (https://slowalk.com)
65. 대한산업보건협회, "20세기 신의 선물에서 21세기 골칫거리가 된 플라스틱", 〈월간산업보건〉, 2021.06.18.
66. 이근영, "지금까지 플라스틱 총생산량 83억톤 대부분 쓰레기로 버려져", 〈한겨레〉, 2017.07.20.
67. 김나라, "플라스틱 늪에 빠지고 있는 대한민국", 〈그린피스〉, 2023.03.22.
68. 안치용, 《미래세대를 위한 기후위기를 이겨내는 상상력》, 철수와영희, 2023.
69. 강찬수, "미세플라스틱, 매주 '카드 한장' 먹는다?…'입 까끌까끌했을 것'", 〈중앙일보〉,

2023.02.10.

70. 프레셔스 플라스틱 누리집 (https://ppseoul.com/thebasicsofplastic)

71. 김찬우, "제주시, 플라스틱 분리배출 '2종→5종' 체계 확대", 〈제주의소리〉, 2023.04.25.

72. 장병창, "작년 글로벌 섬유 생산량 역대 최대…'파리 기후 협정' 궤도 이탈", 〈어패럴뉴스〉, 2022.10.13.

73. Quantis, 《Measuring Fashion: Environmental Impact of the Global Apparel and Footwear Industries Study》, 2018.

74. 옥스팜, "제 옷이 플라스틱이라고요? 옷과 탄소배출 그리고 기후난민!", 〈옥스팜〉, 2019.10.25.

75. IUCN, 《Primary Microplastics in the Oceans》, 2017.

76. 이미숙, "KBS 환경스페셜, 옷을 위한 지구는 없다 '내가 버린 옷의 민낯'", 〈한국강사신문〉, 2021.07.01.

77. 김도담, "'우리가 버린 옷'은 개발도상국으로 수출돼 소 먹이가 됐다", 〈뉴스펭귄〉, 2021.07.02.

78. 김승혜, "레드우드 나무에서 배워라", 〈시사플러스〉, 2019.04.29.

79. 강석기, "질소 고정, 콩과식물만의 능력인가?", 〈동아사이언스〉, 2015.07.13.

절대 지켜, 1.5도!
: 지구의 온도를 낮추기 위한 도전, 지구구조대!

초판 1쇄 인쇄 2024년 6월 13일
초판 3쇄 발행 2025년 7월 16일

지은이 이재형
펴낸이 박지혜

기획·편집 박지혜
디자인 this-cover
제작 제이오

펴낸곳 ㈜멀리깊이
출판등록 2020년 6월 1일 제406-2020-000057호
주소 10881 경기도 파주시 회동길 37-20 2층
전자우편 murly@murlybooks.co.kr
편집 070-4234-3241 **팩스** 031-935-0601
인스타그램 @murly_books

ISBN 979-11-91439-49-6 73400

- 이 책의 판권은 지은이와 (주)멀리깊이에 있습니다.
- 이 책 내용의 전부 또는 일부를 재사용하려면 반드시 양측의 서면 동의를 받아야 합니다.
- 잘못된 책은 구입하신 서점에서 교환해드립니다.